BERND KIESEWETTER

MISSION VERANTWORTUNG

WEIL ERFOLG DEINE ENTSCHEIDUNG IST

BusinessVillage

Bernd Kiesewetter
Mission Verantwortung
Weil Erfolg deine Entscheidung ist
1. Auflage 2018

Bestellnummern
ISBN 978-3-86980-431-6 (Druckausgabe)
ISBN 978-3-86980-432-3 (E-Book, PDF)

Direktbezug www.BusinessVillage.de/bl/1054

Bezugs- und Verlagsanschrift
BusinessVillage GmbH
Reinhäuser Landstraße 22
37083 Göttingen
Telefon: +49 (0)551 2099-100
Fax: +49 (0)551 2099-105
E-Mail: info@businessvillage.de
Web: www.businessvillage.de

Layout und Satz
Sabine Kempke

Autorenfotos
BEN DE BIEL Fotografie, http://bendebiel.com

Druck und Bindung
www.booksfactory.com

Inhalt

Über den Autor

Bernd Kiesewetter ist der Umsetzer.
Er begeistert Menschen, endlich Verantwortung für sich zu übernehmen. Als Denker und Macher blickt er auf über mehr als dreißig Jahre Erfahrung zurück.
Bernd Kiesewetter ist Vortragsredner, Coach, Mentor und Autor. Allem voran aber ist er Unternehmer aus Leidenschaft, der durch seine vielfältigen Erfahrungen in den unterschiedlichsten Branchen ausschließlich fundiertes Praxiswissen weitergibt.
Er kennt extreme Höhen aber auch tiefe Krisen – seine persönliche Geschichte ist bewegend und inspirierend, lebendig und lehrreich.
Sein Fokus liegt auf absoluter Klarheit und langfristigen Erfolgen. Mit seiner direkten, eckigen und kantigen Art bringt er seine Zuhörer und Teilnehmer in Bewegung.
Kiesewetter ist ein Geheimtipp für alle, die ein selbstbestimmteres Leben führen wollen.

Kontakt
E-Mail: mail@berndkiesewetter.com
Web: www.berndkiesewetter.com

Geleitwort von Gerald Hörhan, der Investmentpunk

Wenn man wie ich Unternehmer und Investor ist, ist man unter anderem nur deswegen vermögend und erfolgreich, weil man in hohem Maße Verantwortung trägt für seine Finanzen, seine Mitarbeiter und seine Kunden. Wenn Sie wirklich reich werden wollen, müssen Sie sich konsequent von Unfug abgrenzen. Die meisten Leute verschwenden ihr Geld für Konsum und sind absolut planlos. Sie geben Geld aus, das sie nicht haben, kaufen sich einen Haufen unnützes Zeug, von Kleidung und Fernsehern auf Raten über Autos auf Leasing bis zu Eigenheimen auf Pump und befinden sich so permanent mitten in der Schuldenfalle. Kommen sie trotzdem mehr oder weniger zufällig zu Geld, lassen sie sich meist sehr rasch von ihren teuren Wünschen einholen und rennen weiter im Hamsterrad des unkoordinierten und verantwortungslosen Geldausgebens.

Wer planlos sein Geld für Konsumgüter verbrennt, ist und bleibt ein Spielball und Opfer seiner Wünsche und Begehrlichkeiten. Anschaffungen sollten immer in Relation zu unserem Einkommen oder unserem Vermögen stehen. Das scheint eine logische Schlussfolgerung zu sein, die aber von den wenigsten beachtet wird. Das neueste Handy haben oft die weitgehend mittellosen Studenten und nicht die Vorstandsvorsitzenden. Zugegeben, das ist ein sehr einfaches Beispiel, doch es spiegelt den aktuellen Zeitgeist und das Verhalten der Massen perfekt wider. Ich entdecke immer wieder, dass die Masse der Menschen keinerlei Verantwortung für ihre Finanzen übernimmt. Und ganz direkt gesagt, auch nicht für ihr Leben! Die meisten Menschen sind extrem verantwortungslos, auch sich selbst gegenüber. Sie stopfen sich voll mit ungesunder Nahrung, bewegen sich viel zu wenig und schauen zu viel Fernsehen. Was soll dabei herauskommen? Und dann verteufeln genau diese Menschen das Geld schlechthin, aber nur deswegen, weil sie ohnehin keines haben. Dabei ist Geld, wenn man es sinnvoll einsetzt, eine wunderbare Macht. Wir können damit sehr viel Positives bewirken, wenn wir unser Gehirn benutzen und verantwortungsvoll handeln.

Verantwortung geht uns alle etwas an. Wir sollten also stets die beste Version unseres Selbst anstreben und generell ein Vorbild sein. Denn wir haben mehr Einfluss, als wir meinen. Ein Chef, der verschwenderisch und faul ist, kann nicht von seinen Mitarbeitern erwarten, dass sie fleißig sind.

Als bekannter Social Media Influencer trage ich eine ganz besondere Verantwortung. Meine Follower vertrauen mir, sie geben meinen Ideen und Einschätzungen Gewicht, und sie handeln entsprechend. Somit kann ich mich meiner diesbezüglichen Verantwortung nicht entziehen und plötzlich beginnen, falsche oder nicht durchdachte Anregungen zu geben, die Menschen schaden könnten oder Leute mit einem durchschnittlichen Einkommen sogar ruinieren würden. Mit meiner Investment Punk Academy habe ich eine Online-Ausbildungsplattform zum Thema Geld und Vermögen aufgebaut, in der die Teilnehmer eine umfassende angewandte Wirtschaftsausbildung erhalten, von Unternehmensbewertung und Steuern über Online Marketing bis zum Immobilienkauf. Ich trage eine hohe Verantwortung für die Qualität dieses Wissens und muss auch ein hier absolutes Vorbild sein.

Meine Verantwortung, und die Verantwortung jeder Person des öffentlichen Lebens, geht noch weit über die Wissensvermittlung hinaus. Viele Menschen suchen Vorbilder und kopieren deren Handlungen in der Hoffnung, durch dieselben Handlungen genauso erfolgreich zu sein. Wenn ein Star beispielsweise gewisse Kleidung oder Tattoos trägt, machen abertausende Menschen dasselbe. Daher sehe ich es als meine Aufgabe an, meinen Fans und Kunden nicht nur wirtschaftlich, sondern auch ethisch korrekte Ratschläge zu geben, ihnen Freude und Elan zu vermitteln, ihnen zu zeigen, dass Disziplin, Ehrlichkeit und Handschlagqualität keine leeren Worte, sondern für wirtschaftlichen wie persönlichen Erfolg essenziell sind, damit sie ihre eigene Welt und unsere Gesellschaft positiv beeinflussen können; und meine Worte hätten wenig Gewicht, wenn ich nicht selbst genauso handle oder dies zumindest mit besten Einsatz versuche, wie ich es meinen Fans und Kunden erkläre.

Es gibt leider ein sehr negatives Beispiel zu diesem Punkt, der mich immer wieder an meine Verantwortung und Vorbildfunktion erinnert. Vor nicht allzu langer Zeit stürzte sich ein Mann aus dem 39. Stock eines Hochhauses in New York, um sich das Leben zu nehmen. Er war so sehr geplagt von finanziellen Problemen und wusste nicht mehr ein noch aus, dass er das Leben satthatte und keine Hoffnung und keinen anderen Ausweg mehr sah. Doch wie durch ein Wunder überlebte er seinen Suizidversuch! Er landete mit den Füßen zuerst auf einem geparkten Auto. Die Zeitung sprach von einem Einhundertzwanzig-Meter-Sturz, an dessen Ende der Zweiundzwanzigjährige eine Geschwindigkeit von mehr als einhundertfünfzig Stundenkilometer erreicht habe. Nach einer Operation an Knöchel, Beinen und inneren Organen teilte das Chirurgenteam mit, der Patient sei in stabilem Zustand.

Bei dem Aufprall auf dem Fahrzeug war nach Angaben einer Zeitung die Heckscheibe zu Bruch gegangen und das zersplitterte Glas in alle Richtungen geflogen. »Das Auto hat sein Leben gerettet«, zitierte das Blatt einen Augenzeugen. »Er landete wie ein Stuntman, einfach unglaublich«, erzählte ein Feuerwehrmann.

Durch dieses »Wunder« wurde der junge Mann plötzlich so berühmt, dass er nicht nur angenehmen Profit daraus schlagen konnte, sondern wirklich reich wurde. All seine Sorgen waren von heute auf morgen verschwunden, und er führte plötzlich ein glückliches Leben in Wohlstand und Überfluss. Seine ehrliche, aber verhängnisvolle Antwort auf die Frage, wieso er reich war, lautete: »Because I jumped off a building«.

Die Trittbrettfahrer ließen nicht lange auf sich warten und wollten auch berühmt und reich werden. Dieser Fall wurde schlussendlich so bekannt, dass sich tatsächlich auch andere Unglückliche dachten, sie könnten ihre Probleme auf dieselbe Weise lösen und leicht ans schnelle Geld kommen. Sie folgten dem Beispiel des überlebenden suizidären Helden und sprangen ebenfalls in die Tiefe. Natürlich hatte kein anderer dieses unglaubliche

Glück, und so wurden die Nachahmer nicht reich und glücklich, sondern starben.

Diese Tragödie macht mir immer wieder eines bewusst: Wir haben mehr Einflussradius, als wir uns vielleicht vorstellen und damit auch noch viel mehr Verantwortung für andere Menschen. Gerade in der digitalen Welt, die jedem Menschen auf Social Media eine Plattform bietet, ist dieser Einfluss noch wesentlich größer als bisher. Die Algorithmen von Facebook und Instagram unterscheiden nicht zwischen positiven und negativen Botschaften, zwischen Wahrheit und Lüge, zwischen Show und Realität, zwischen Gut und Böse, zwischen Intelligenz und Dummheit; diese Entscheidung kann nur jeder einzelne für sich treffen, welche Nachrichten, welche Messages er postet und damit Menschen und möglicherweise viele Menschen erreicht. Genau deswegen ist es so wichtig, das Thema Verantwortung unter die Menschen zu bringen!

Dieses Buch meines geschätzten Kollegen Bernd Kiesewetter stellt einen echten Mehrwert für Menschen dar, die ihre Verantwortungsbilanz verbessern wollen. Es wurde geschrieben für den fleißigen Arbeiter, der sich selbst nicht vergessen darf, wenn er seine Familie ernährt, wie auch für den erfolgreichen Top Manager, der sich seiner Reichweite bewusst wird – kurzum diese Lektüre ist passend für jeden Menschen, in jeder Altersgruppe. Mein eigenes Thema sind Investments und die Finanzen – diese brauchen ein besonders hohes Ausmaß an verantwortlichem Denken und Handeln. Aber richtig gelebte Verantwortung, eben die wahre *Mission Verantwortung*, geht weit über diese beiden Punkte hinaus. Bernd spannt den Bogen der Verantwortung über viele weitere Lebensbereiche. Er nimmt Blickrichtungen ein, mit denen Sie vermutlich nicht gerechnet haben, die Sie aber sehr wahrscheinlich zu einem neuen Denken bringt. Sie dürfen sich auf fundierte Lebenserfahrungen, unterhaltsame Zeilen und spannende Ansichten freuen, die Sie zu intensivem Vorausdenken anregen werden!

Ich traf Bernd Kiesewetter das erste Mal bei meinem VIP Sommerevent 2017 auf Mallorca. Bereits nach unserem ersten Gespräch und einigen seiner Aussagen merkte ich, dass er wirklich direkt aus dem Leben spricht. Seine persönlichen Erlebnisse, seine Erfolge, die Niederlagen und seine tiefen Krisen, aus denen er noch stärker hervorging, beeindruckten mich sofort, aber vor allem der sehr direkte und klare Umgang mit seiner Biografie, seine Art und Weise, immer wieder aufzustehen, weiterzumachen und zu handeln.

»Bernd, deine Story ist absolut unique, und du musst sie erzählen, genau so etwas wollen die Leute hören«, war damals mein Rat an ihn. »Du musst dich und deine Geschichten einfach in die Welt tragen!«

Es freut mich sehr, dass er mit diesem Buch nun diesen Schritt so schnell gegangen ist und damit vielen Menschen Mut macht, auch dann nicht aufzugeben, wenn eine Situation schon aussichtslos scheint. Und damit aufzeigt, dass es nie zu spät ist, das Ruder der Verantwortung herumzureißen und die richtige Entscheidung zu treffen.

Nehmen Sie sich die Inhalte dieses Buches zu Herzen und tragen Sie von nun an die volle Verantwortung für alles, was Sie tun! Schalten Sie Ihr Gehirn ein, trainieren Sie es laufend, definieren Sie Ihre persönlichen Ziele und Visionen und bleiben Sie stets ehrlich und integer. Und dann geben Sie nicht Halbgas, sondern Vollgas, Vollgas für Ihr Leben, wo Sie der Steuermann sind und nicht der Getriebene. Sie werden bemerken, wie sich Ihr Leben sehr schnell drastisch verändern wird. Verantwortung geht uns alle etwas an!

Gerald B. Hörhan

Investmentpunk

Das Ende von allem und der Beginn

Es ist Sonntag, der 21. Oktober 2012.

Ich sitze in meinem Arbeitszimmer des Hauses, in dem wir seit dem Frühjahr dieses Jahres leben. Draußen scheint die Sonne, und der Blick durch die große Fensterfront ist ein Grund zur reinen Freude. Es ist ein wunderbares, großzügiges und gleichzeitig gemütliches Haus. Hell, offen, mit prägnanten Holzbalken an den Decken. Mit großen Balkonen, die von jedem Zimmer in der ersten Etage zugänglich sind. In unserem großen Wohn- und Esszimmer fühlt man sich durch eine Kaminecke besonders wohl, und das Untergeschoss bietet einen Saunabereich mit Solarium und einen komplett eingerichteten Fitnesskeller mit Crosstrainer, Spinningbike, Krafttrainingsstation und genug Platz zum Boxen und Hopsen.

Eigentlich habe ich alles.

Unser Grundstück hat für Großstadtverhältnisse und vor allem für unsere Ansprüche eine perfekte Größe und ist über zwei Holzterrassen erreichbar. So können wir zu jeder Tageszeit die Sonne genießen. Das Haus befindet sich in bester Ruhelage, dennoch sind die Innenstädte Berlins und Potsdams jeweils in einer halben Stunde erreichbar. So schön haben wir noch nie gewohnt, mitten im Grünen, mit ausreichend Abstand zu den nächsten Nachbarn. Nicht einmal hundert Meter entfernt liegt der sauberste See der Region: Morgendliches Schwimmen, Spaziergänge und Fahrradausflüge in den angrenzenden Wäldern sind für uns tägliche Normalität.

Eigentlich habe ich alles. Und eigentlich habe ich – fast – nichts mehr.

Manch einer möchte so Urlaub machen, wie wir leben.
Wie wir leben.
Noch.

Wir, das ist unsere Familie – meine Frau, meine Tochter, mein Sohn und ich.

Das sind wir. Noch.

Wie wir leben.
Wie ich lebe.
Noch.

Wenn man das noch Leben nennen kann.
Um ein Haar wäre es in den letzten Tagen anders gekommen.
Mehrfach …

Um ein Haar hätten sie mich umgebracht. Oder zum Krüppel geschlagen. Oder ins Gefängnis geschafft. Ich weiß nicht, was wirklich schlimmer gewesen wäre.

Nun sitze ich hier. In diesem scheinbaren Traumleben.
Das bereits zum Scheinleben geworden ist.

Ich bekomme keine Luft, meine Nase ist zu, mein Kiefer verspannt. Er bewegt sich unkontrolliert, knackt und kracht bei jeder Mimik. Mein Brustkorb ist verengt, ein mächtiger Riese drückt ihn gnadenlos zusammen. Mein Herz rast. Im nächsten Moment setzt es kurz aus. Es schlägt unregelmäßig und passt zu meiner Atmung. Ich hole ein paar Mal tief Luft und versuche, endlich ausreichend Sauerstoff zu erlangen, vergesse scheinbar im nächsten Moment zu atmen, um dann wieder kräftig nach Luft japsen zu müssen. Dieses Spiel wiederholt sich immerfort.

Meine Beine schmerzen und sind geschwollen. Meine Hände ebenso, wie eigentlich mein ganzer Körper. Meine Hände zittern und signalisieren meine innere Unruhe und Anspannung. Mein Kopf drückt und klopft, obwohl er sich völlig hohl und gleichzeitig vernebelt anfühlt.

Mein Magen ist kaputt und dreht sich um sich selbst. Er ist seit Tagen leer, ich habe Hunger und kann doch nicht essen. Ich habe Appetit und bin im nächsten Moment doch satt.

Satt. Satt vom Leben.

Ich habe mich fast geschafft.
Umgebracht.
Freiwillig. Und doch unfreiwillig.

Ich stehe unter dieser Droge.
Ich brauche diese Droge.
Cocaethylen.
Kokain.
In Verbindung mit Alkohol.

Begonnen aus Neugier und Trotz.
Verliebt in die Euphorie und das Neue.
Geliebt für die gewonnene Stärke und Ausdauer.
Geschätzt für das mögliche Abschalten und Ausbrechen.

Doch diese Droge ist mehr.
Sie nimmt dich ein und übernimmt die Kontrolle.
Du merkst es erst nicht – und verlierst dich umso mehr.
Du denkst, du bist der König und bist längst schon weniger als der Bauer.
Du glaubst zu regieren und bist schon lange geopfert.
Es heißt, diese Droge mache nicht körperlich abhängig.
Doch dies entspricht nur der Wahrheit, wenn das Gehirn nicht zum Körper zählt.

Du bist schon lange abhängig. Du weißt nur nichts davon.
Du bist süchtig, nicht nach Kokain. Du bist süchtig nach deinen körpereigenen Dopaminausschüttungen.

Du wirst zum Opfer deiner Erwartungen.
Nicht über Nacht, sondern in Wochen, Monaten oder Jahren.
So ganz nebenbei verändert sich dein Verhalten. Angststörungen, Blutdruckprobleme, Psychosen und aggressive Verhaltensstörungen sind Normalität.
Du wirst unsensibel, aggressiv und asozial.

Genau da bin ich an jenem Sonntag.

Ich bin nicht mehr der, der ich einmal war.
Ich weiß nicht mehr, wer ich bin.
Ich weiß nicht einmal, wer ich war.

Schon gar nicht weiß ich, wohin ich will.
Ich habe kein Ziel und sehe keinen Sinn.
Ich bin getrieben von einer fremden Macht und flüchte seit Jahren immer wieder aus der Realität, aus allen Schwierigkeiten und vor mir selbst.
Immer öfter.

Es ist die Angst.
Angst vor dem Versagen.
Angst vor dem Erfolg.
Angst vor der Verantwortung.

An jenem Sonntag bin ich wieder nach Hause gekommen. Zuhause. Wenn es das noch ist. Ich weiß es nicht. Ich war Tage weg. Einfach weg. So mache ich es immer. Ich klinke mich und das Telefon aus. Nicht mehr erreichbar. Will nicht mehr diskutieren und nicht mehr reden.

Ich will in mein anderes Leben, fernab von dem Dasein des Familienvaters und Ehemanns, weit weg von dem sauberen Leben in geordneten Verhältnissen, spießig und fad.

Ich will rein in die schmutzige Welt, in die andere Welt, die Welt voller Spaß und Spannung, Lachen und Tanzen, Blödsinn und Leidenschaft. In eine Welt voll fremder Menschen, crazy und durchgedreht, auch nett und liebevoll, doch völlig anders. Menschen, die ich sonst nicht treffe. Die treffe ich nur hier. Es ist eine anrüchige und dunkle Welt, fast schon Unterwelt, Schattenwelt und manchmal sogar kriminelle Welt, oder gelegentlich auch einfach nur eine Welt voller Dramen. Völlig absurder Dramen.

Hier zeige ich meine andere Seite, den anderen Bernd. Auch hier bin ich hart und lustig zugleich. Aber hier bin ich wer, hier bekomme ich Respekt.

Ich will groß sein.
Ein ganz Großer sein.
Ich bin jedoch klein.
So klein.
Ich merke es nur nicht.
Ein Minusmensch.
Bemitleidenswert.
Aber nach außen ganz groß.

Tatsächlich bin ich am Ende.
Ich tue so, als ob ich stark wäre.
Ich bin es nicht.
Ich bin schwach.
Ich will nicht schwach sein.
Ich will stark sein.
Ich will wieder sein.

Meine aktuelle Situation ist aussichtslos. Ich bin pleite. Schulden und Verpflichtungen türmen sich und wachsen weiter an. Der Druck steigt von Tag zu Tag. Mein Geschäft verdient seinen Namen nicht mehr und ist kaum noch existent.

Mein Kopf und mein Geist sind unklar. Meine Gedanken sind ungeordnet, verschwommen und voller Sorgen. Mein natürlich positives Denken ist verblödeter Schönrederei gewichen. Ich fühle mich toll und groß in Situationen, in denen ich nur noch lächerlich bin. Meine Urteilsfähigkeit ist verschwunden, auch wenn mir dies, durch den Mangel an derselben, selbst nicht bewusst ist.

Meine Frau ist am Ende. Ich habe sie kaputtgemacht. Sie muss die Kinder schützen. Und sich selbst, aber daran hat sie immer zuletzt gedacht. Die Hoffnung, die bis zuletzt mit Liebe alles versuchte, um mich zu retten, ist gewichen. Es bleibt nur noch Mitleid.

Meine Tochter ist tief erschüttert. Der Mann, der alles kann, der alles schafft, ist weg. Der Retter, das Vorbild, der Freund und der Beschützer – eine Welt ist für sie zusammengebrochen und das ganze Leben infrage gestellt.

Mein Sohn kann nicht mehr. Er ist ausgelaugt von den tausenden Versprechen, denen er immer wieder vertraute – und doch immer wieder enttäuscht wurde. Alle guten Seiten seines Vaters sind verborgen. Das Vertrauen ist zerstört. Er hat nur noch Trost für seine Mutter.

Ich komme meiner Verantwortung meiner Familie gegenüber
nicht mehr nach.
Ich komme meiner Verantwortung meinem Business gegenüber
nicht mehr nach.
Ich komme meiner Verantwortung mir selbst gegenüber nicht mehr nach.

An diesem Sonntag im Oktober bin ich am Höhepunkt meines Selbstmitleids und am Point-of-no-Return meines Abstiegs in die Hölle angekommen. Nun sitze ich in unserem idyllischen Heim – nach vier Tagen »feiern«. Tage voll exzessiven Drogenkonsums, gepaart mit literweise hartem Alkohol.

Ich habe immer alles extrem gemacht. Ganz oder gar nicht, egal, worum es geht. Dieses Mal habe ich den Vogel abgeschossen. Nicht nur, dass ich tagelang verschwand und nicht erreichbar war. Nicht nur, dass meine Liebsten sich voller Sorge um den Schlaf und all ihre Energien brachten. Nein, ich ging noch einen Schritt weiter. Meine Tochter flog nach jahrelanger Urlaubspause endlich wieder in den Süden, nach einer schweren Trennung mit einer Freundin statt des Freundes, mit dem die Reise geplant war. Ich hatte zugesagt, Taschengeld zu spendieren und sie zum Flughafen zu bringen. Doch ich war nicht da, ich war in einer Bar. In dieser verruchten, dunklen Bar, die 24 Stunden geöffnet hat. Hier war mittlerweile mein zweites Zuhause, hier kannte man mich. Hier konnte ich dem Barmann sagen, er solle meiner Frau ausrichten, ich komme jetzt nicht raus. Heute nicht. Sie waren tatsächlich immer auf der Suche nach mir und fanden mich in meinem Zustand in den übelsten Kaschemmen. Ja, meiner Frau und meiner Tochter mutete ich damals diese Umgebungen zu, und sie holten mich ein ums andere Mal ab. Ich wusste nicht, woher sie wussten, wo ich war, denn natürlich wechselte ich meine Standorte. Doch sie fanden mich immer. Sie sind ihrer Verantwortung mir gegenüber stets nachgekommen und haben niemals aufgegeben. Das habe ich damals weder verstanden noch geschätzt.

Dieses Mal wollte ich mich nicht abholen lassen und auch nicht nach Hause gehen.

Ich wollte ein Zeichen setzen. Ich sagte tatsächlich zum Barmann, heute würde ich nicht mitkommen, und er solle es ausrichten. Der Barmann ging tatsächlich raus, um die Botschaft meiner Frau zu überbringen und kam nach kurzer Zeit wieder. Meine Frau lasse ausrichten, sie brauche 200 Euro für meine Tochter, die versprochenen Taler Reisetaschengeld. »Ja dann gib sie ihr halt, ich habe nix mehr«, raunzte ich den Barmann an. Und er nahm die Einnahmen aus seiner Kasse und brachte sie ihr. Meine Tochter muss ihm sehr leid getan haben.

Damit war ich eindeutig zu weit gegangen.

Aber ich wollte es so. Bewusst oder unterbewusst.

In meinem kokainumnebelten Hirn hoffte ich immer noch auf ein tolles Erlebnis, eine tolle Begegnung. Es sollte anders kommen.

Seit Tagen begleitete mich eine Afrikanerin, die mir mittlerweile ziemlich auf die Nerven ging. Ich wollte mit ihr nicht mehr sprechen, auch weil sie kaum noch zu verstehen war. Ihr Konsummuster war immer gleich. Sie war mehrere Tage unterwegs, eine blitzgescheite Frau, und die Unterhaltungen waren spannend und witzig. Am dritten Tag jedoch war sie so voller Stoff, dass von der Intelligenz nichts mehr übrig war und sie sich wirklich nur noch im Kreis drehte. Wir waren am zweiten Tag – es war der Wendepunkt. Sie war erbost darüber, dass ich mich von ihr abwandte. Sie wollte reden. Ich nicht. So ging es eine Weile, bis es in einen Streit ausartete. Ich wollte keinen Streit und blieb fern. Sie war in den Nebenraum gegangen, wohin ich mitkommen sollte. Ich blieb an der Bar.

Die Tür ging auf. Eine Frau kam rein. Sie blieb am Tresen stehen, schaute zu mir rüber, sah mich an, zeigte mit dem Finger auf mich und schrie etwas. Wie ich erst viel später verstand, sagte sie zu einigen anderen Gästen, ich hätte ihr draußen etwas getan. Ich begriff noch nicht. Ich kannte sie nicht, hatte sie noch nie gesehen und draußen vor der Tür war ich seit Tagen auch nicht mehr gewesen. Ich sagte ihr, ruhig und bestimmt, das wäre nicht witzig. Sie weinte und bekam sich gar nicht mehr ein.

Langsam ahnte ich – und überlegte, was wohl aus dieser Aussage werden könnte. Mein Kopf funktionierte allerdings am vierten Tag dieser Drogen-Tournee auch nicht mehr so gut, selbst wenn ich gerade wieder nüchtern zu werden schien. Minuten später kamen einige große, breite und alles andere als freundlich aussehende Männer in das Lokal. Das Ziel des Ganzen war bald zu erkennen. Ich war das Ziel. Die Afrikanerin aus dem Nachbarraum hatte das alles arrangiert. Sie sprach mich an und fragte, ob ich jetzt vielleicht doch wieder reden wolle.

Nur meinen, auch nach Tagen des Konsums noch vorhandenen, kommunikativen Fähigkeiten und meinen letzten Euronen in der Tasche war es zu verdanken, dass es mir gelang, in den folgenden zwei Stunden die Situation annähernd zu entschärfen. Zwei Stunden können sehr, sehr lang sein. Zwischenzeitlich musste ich mit drei von den Männern in eine kleine Kabine der Damentoiletten. Sie drohten mir körperliche Gewalt an. Sie wollten mich beeindrucken und schafften es auch. Ich musste verbal einlenken. Meine starke Haltung gepaart mit der offen eingeräumten Chancenlosigkeit nahm ihnen den Wind aus den Segeln. Sie ließen schließlich von mir ab – einmal mehr war es mir gelungen, meinen Kopf aus der Schlinge zu ziehen.

Ich überlebte.
Schweißgebadet, doch letztlich unbeschadet.

Aber mein Zustand war nie schlechter, körperlich wie geistig.
Ich war kurz vor dem Umfallen, schaffte aber auch das nicht mehr.

Und irgendwann, wiederum einige Stunden später, ging ich.
Ich ging raus auf die Straße, hatte keinen Cent mehr in der Tasche. Es war hell, und ich hasste es, in diesem Zustand in der Öffentlichkeit zu sein.
Ich wollte nicht gesehen werden. Nie in diesem Zustand.
Ich weiß nicht mehr, wie ich letztlich nach Hause kam, aber irgendwann war es mir gelungen.

Nun sitze ich hier in meinem Arbeitszimmer.

Ich habe alle schon beschriebenen Symptome und Zustände.

Aber – irgendetwas ist geschehen.
Mein Kopf, so vernebelt er ist, scheint plötzlich klar.

Ich beginne, zu verstehen. Meine Frau und meine Kinder habe ich mit hoher Wahrscheinlichkeit verloren. Noch nie herrschte eine solche Atmosphäre von Resignation und Endzeit in unserem Hause. Die Entscheidung meiner Familie, diese Art von Leben nicht mehr mitmachen zu wollen, liegt in der Luft.

Ich aber weiß plötzlich mit absoluter Sicherheit: Ich gebe nicht auf. Ich will sie nicht verlieren.

Versprechen werden nichts mehr bewirken.
Zu oft schon habe ich bereut, versprochen, und doch wieder gebrochen.
Dieses Mal muss es anders sein.
Dieses Mal kann ich nicht mehr mit bloßen Worten überzeugen.
Dieses Mal muss ich Taten sehen lassen. Denn nur daran wird mich meine Familie messen und entscheiden, ob ich ihres neuerlichen Vertrauens würdig bin.

An diesem Sonntag im Oktober 2012 beschließe ich, die Verantwortung für mein Leben wieder zu übernehmen.

Bevor wir nun mit voller Kraft in unser gemeinsames Projekt *Mission Verantwortung* einsteigen, möchte ich mich zuallererst bei Ihnen bedanken. Mein Dank gilt Ihrer wertvollen Lebenszeit, die Sie mit mir teilen. Ich weiß, in einer Ära, in der die Zeit das höchste Gut zu sein scheint, ist dies alles andere als selbstverständlich.

Nach dieser doch etwas harten Einleitung wissen Sie vielleicht nicht, was Sie von den folgenden Seiten erwarten sollen. Sie haben vermutlich eine Erwartungshaltung und keine Ahnung, ob diese auch nur ansatzweise erfüllt wird. Vielleicht haben Sie auch gleich eine negative Erwartungshaltung und wollen nur bestätigt sehen, dass dieser scheinbar etwas verrückte Typ auch wieder nur theoretisches Zeug oder gar Blödsinn von sich gibt. Oder Sie haben gar keine Erwartungshaltung. Egal wie es ist, Sie schenken mir Ihre Aufmerksamkeit, und dafür sage ich danke.

Ich kann Ihnen versprechen, wenn Sie noch halbwegs lebendig sind, werde ich Sie mit diesem Buch nicht langweilen. Sie werden einige sehr eindringliche Geschichten zur und über Verantwortung lesen und mit mir zusammen intensive Gedanken zu Ihrer eigenen Einstellung zur Verantwortung – wie immer diese gerade aussehen mag – wälzen. Gedanken, die Sie eventuell dazu verführen könnten, einiges in Ihrem Leben zu überdenken.

Vielleicht merken Sie, dass ich als leicht rebellischer Gedanken-Animateur durchaus geeignet bin, denn ich werde Ihnen nicht ständig nach dem Mund reden. Und dann geht es ja auch noch um die Umsetzung. Da werden Sie mich unter Umständen vielleicht sogar hassen, denn wenn Sie erfolgreicher und glücklicher sein wollen, dann müssen Sie aus Ihrem gewohnten Bereich und Ihren alten Handlungsmustern nun einmal raus. Das ist bekanntlich alles andere als bequem! Und Sie werden vielleicht anfangen, mich zu verstehen, eventuell sogar zu mögen, weil ich einige Macken mit mir herumtrage, unglaublichen Unsinn in meinem Leben gemacht habe und dabei insgeheim doch immer nur die besten Absichten hatte – ganz genauso wie Sie sicher nur die besten Absichten haben. Ich habe so viele

Fehler gemacht, manche sogar immer wieder aufs Neue begangen, dass sie durchaus in mehrere Leben passen würden.

Da die Lernmethode »Versuch und Irrtum« zu vielen Frustrationen und damit für die allermeisten Menschen zur schnellen Aufgabe führt, erlaube ich mir, davon zu berichten, damit Sie sich diese Umwege ersparen und gleich aus meinen schlechten Beispielen lernen können.

Ich habe aber auch noch die andere Seite für Sie. Nach über dreißig Jahren meines Studiums der Erfolgsprinzipien in Theorie und Praxis, nach hunderten verschlungenen Büchern, zahlreichen Seminaren, persönlichen Gesprächen mit Vorbildern und Mentoren, unzähligen Unternehmungen und vielen erfolgreichen Projekten, will ich Ihnen meine gesammelten Erkenntnisse daraus weitergeben.

Sie können – wenn Sie das wollen – den Ansatz finden, Ihr Leben auf eine völlig neue Ebene zu katapultieren und ein Dasein mit niemals aufhörendem persönlichen Wachstum führen. Ja, Sie werden dadurch künftig viel mehr Anstrengungen auf sich nehmen, aber auch viel mehr Glück, Erfolg, Spaß und Freude erleben. Sie werden Ihr neues Leben lieben und die Dankbarkeit entwickeln, die Ihnen wiederum zu noch mehr Zufriedenheit und Entwicklung verhilft. Sie können lernen, ein echtes Lebenswerk anzustreben und tagtäglich dafür einzustehen. Es gibt nur zwei Wege, die uns vom Erfolg abhalten können. Nicht anzufangen oder vorzeitig aufzugeben.

Angefangen haben Sie also schon einmal. Nun liegt es in Ihrer Hand, ob Sie sich Ihrer persönlichen *Mission Verantwortung* – als ersten Schritt einmal in Buchform – weiter stellen wollen.

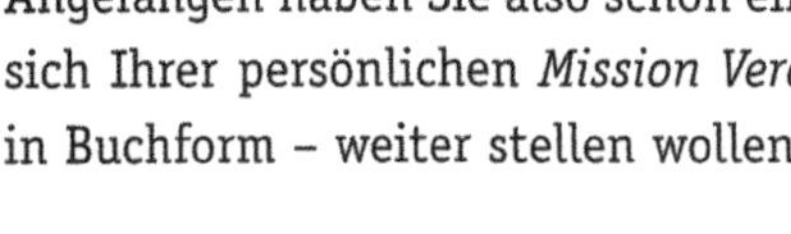

Teil 1 –
Der Fluch der Verantwortung

1.
Verantwortung – was ist das eigentlich?

Verantwortung ist ein gesunder Stamm eines Baumes namens Freiheit.

Sigrun Hopfensperger (*1967), Aphoristikerin

»Der Begriff der Verantwortung bezeichnet nach verbreiteter Auffassung die Zuschreibung einer Pflicht zu einer handelnden Person oder Personengruppe (Subjekt) gegenüber einer anderen Person oder Personengruppe (Objekt) aufgrund eines normativen Anspruchs, der durch eine Instanz eingefordert werden kann.« – So definiert *Wikipedia* den hehren Begriff Verantwortung.

Dieser nüchterne, eher technische Erklärungsversuch macht eines bereits deutlich: Die Antwort auf die Frage, was denn Verantwortung überhaupt sei, ist nicht ganz so einfach und keinesfalls pauschal und allgemeingültig zu beantworten.

Bevor Sie sich nun mit Ihrer ganz persönlichen Auffassung von und mit Ihren Emotion zu Verantwortung beschäftigen, sehen wir uns noch einige andere offizielle Definitionen von Verantwortung an. *Wikipedia* ergänzt seine Ausführungen auf diese interessante Weise: »Der Einzelne ist sowohl Gegenstand seiner eigenen Verantwortung als auch die Autorität, vor der er sich verantworten muss. Der Maßstab ist sein Gewissen, in dem alle natürlichen und sozialen Normen gebündelt sind.« Das klingt großartig in der Theorie, zieht aber überhaupt nicht in Betracht, dass das jeweilige Gewissen stark von den individuellen Werten einer Person abhängig ist. Diese werden bekanntlich auch an Intensität und Tiefe variieren und somit kann es hier meines Erachtens gar keine allgemein gültige Definition von Verantwortung im Zusammenhang mit dem Gewissen geben.

Der allwissende Duden beschreibt die Verantwortung auf diese Weise: »Mit einer bestimmten Aufgabe, einer bestimmten Stellung verbundene Verpflichtung, dafür zu sorgen, dass (innerhalb eines bestimmten Rahmens) alles einen möglichst guten Verlauf nimmt, das jeweils Notwendige und Richtige getan wird und möglichst kein Schaden entsteht ...« »Das jeweils

Notwendige und Richtige getan wird ...« Also, ich finde, das ist schon etwas nebulos von der Ausdrucksweise her, es hört sich zwar gut an, aber lässt an Klarheit und an Direktiven zu wünschen übrig. Dass »alles einen möglichst guten Verlauf nimmt« wünschen wir uns wohl alle, wirklich präzise ist es jedoch nicht. Und auch hier wird jeder Mensch den Begriff »das Notwendige und Richtige tun« völlig anders und individuell für sich interpretieren – und wir haben somit wieder keine eindeutige Definition von Verantwortung gefunden.

Im Lexikon *Wiktionary* findet sich eine sehr kurze, aber für mich ziemlich passende Erklärung: »Verantwortung ist die (Selbst-)Verpflichtung für eine Sache oder Person und die Bereitschaft, für seine Handlungen einzustehen.« Diese Erklärung gefällt mir persönlich ob ihrer Klarheit und Einfachheit ausnehmend gut. Die Bereitschaft, für seine Handlungen einzustehen, trifft es auf den Punkt! Wenn jeder sich diese Definition zu Herzen nähme, egal ob als Privatperson oder im beruflichen Umfeld, wäre die Welt schon einmal eine einfachere und vor allem auch verlässlichere.

Eine Verpflichtung – mehr nicht?

Das sind sehr honorige, wichtige und auch richtige Ansätze. In der Tat sprechen jedoch alle nur von Verpflichtungen, von »für etwas einstehen«. Diese Definitionen erklären das Gefühl der Schwere, welches das Wort Verantwortung bleiern zu umgeben scheint. Denn alle diese Erklärungen ziehen überhaupt nicht in Betracht, dass eine Verantwortung im Leben auch aus schönen und freudvollen und vor allem freiwilligen Dingen besteht. Nach meinem Ermessen und meiner persönlichen Auffassung bezieht sich die Verantwortung nicht nur auf Handlungen, sondern sehr wohl auch auf Gedanken und Gefühle. Und diese Verantwortung kann wunderschön und leicht sein, wie ich heute weiß. Das war nicht immer so. Wie Sie aus meinen einleitenden Worten zu diesem Buch erfahren konnten, habe ich mich der vermeintlichen Schwere der Verantwortung durch meine Flucht in Drogen und andere Ablenkungen immer wieder zu entziehen versucht. Ich wollte manchmal nichts von Verantwortung wissen, habe sie damals stellenweise rigoros abgelehnt und musste in der Folge die negativen Konsequenzen tragen. Genau deshalb ist es mir so wichtig, aus meiner heutigen Einstellung heraus auch die vielen positiven Aspekte der Verantwortung zu betonen und diese Überzeugung mit Ihnen zu teilen.

Trotzdem, die allgemeine Auffassung von Verantwortung findet sich für die meisten Menschen immer noch auf der negativen Bewertungsschiene wieder. Verantwortung = schlecht! Verantwortung = mühsam. Verantwortung = will ich nicht! Das scheint der vor allem gedankliche Grundtenor zu sein. Die meisten Menschen haben sich im Laufe ihres Lebens auf diese Weise – meist auch oft unbewusst – eine negative innere Haltung zur Thematik Verantwortung zugelegt. Gehören Sie etwa auch dazu?

Bevor wir nun also voll durchstarten und die Frage, was Verantwortung sein kann und was es bedeutet, verantwortlich zu sein, gemeinsam ergründen, bitte ich Sie, einen Moment innezuhalten. Um die Grundlagen zu schaffen, das Beste für Sie aus diesem Buch herauszuholen, stellen Sie sich bitte vorab an dieser Stelle die Frage, wie Sie denn eigentlich das Wort Verantwortung auf Anhieb empfinden. Welche Wirkung haben diese dreizehn Buchstaben jetzt in diesem Augenblick auf Sie? Welche Gefühle ruft das Wort Verantwortung in Ihnen hervor? Löst es einen positiven Effekt aus? Spricht es Sie an, ist es freundlich, angenehm, vielleicht sogar vertraut?

Oder wirkt es auf Sie unangenehm, erdrückend und negativ? Haben Sie vielleicht das Gefühl, sich gar nicht damit auseinandersetzen zu wollen? Verspüren Sie gar den inneren Wunsch, diese Frage komplett zu ignorieren und von sich wegzuschieben?

IHRE MISSION VERANTWORTUNG
Was ist Ihre ganz spontane und instinktive Reaktion auf das Wort Verantwortung? Überlegen Sie nicht zu lange, sondern nehmen Sie einfach die ersten Worte, Gedanken und Gefühle wahr, die Sie beim Lesen dieser Frage überkommen.

Verantwortungsübernahme – zwangsläufig negativ?

Ich gehe fast jede Wette ein, die gedankliche Beschäftigung mit der Verantwortung bringt auch bei Ihnen eine eher bedrückende und negative Emotion hervor. Machen Sie sich keine Sorgen, das geht fast allen so. Verantwortung ist in unserer Kultur mit negativen Gefühlen besetzt. Das ist so, weil dieser Begriff in vielen Köpfen sofort mit Pflichten verbunden ist, und Pflichten werden von den meisten automatisch mit »müssen« assoziiert. Müssen wiederum drückt Zwang aus – und wer wird schon gerne zu etwas gezwungen? Beim Wort Verantwortung sehen die meisten Menschen langwierige Aufgaben und deren ermüdende Folgen am Horizont auftauchen. Wir verbinden damit Kontrolle und Rechtfertigung, ja sogar Misserfolg. In den Köpfen geht es dann in erster Linie um die negativen Folgen einer Verantwortungsübernahme, wenn man diese Aufgaben – welcher Natur auch immer – nicht zufriedenstellend erledigt. Die Konsequenzen daraus können bei den Mitmenschen die laut geäußerte Enttäuschung über nicht eingehaltene Versprechen oder sogar Kritik und Zurechtweisung sein. Wir können also konstatieren, dass Verantwortung als Begrifflichkeit relativ negativ besetzt und daher ziemlich unpopulär ist. Wie sollen auch bei den Assoziationen mit Pflichten, Zwängen, Fehlern, Misserfolgen, finaler Kritik und Zurechtweisung angenehme und positive Emotionen aufkommen? Ein Teil unserer gemeinsamen Aufgabe in diesem Buch wird es sein, Ihre persönliche Auffassung von Verantwortung zu analysieren, zu zerlegen und auf ihren Sinn für Sie zu prüfen. Und dann ein neues, für Sie Nutzen und Erfolg bringendes Bild von Verantwortung zu bilden.

Zurück zu den Wurzeln

Um jedoch wirklich zu verstehen, was Verantwortung bedeutet, reicht es meines Erachtens nicht aus, sich mit den verschiedensten Definitionen zu beschäftigen. Sehen wir uns doch auch einmal den sprachlichen Ursprung dieses Wortes Verantwortung an. So oft entwickelt die gelebte Sprache im Laufe der Zeit ein Eigenleben und über die Jahrzehnte und Jahrhunderte verändern sich die Auslegungen und Interpretationen dann auf sehr interessante Art und Weise.

Das Wort »Verantwortung« hat seine Geschichte und seinen Ursprung in dem Verb »verantworten«. Das Verb kann ab dem 12. Jahrhundert nachgewiesen werden und bedeutete zunächst allgemein »antworten«, dann im Besonderen »vor Gericht zu antworten, eine Frage zu beantworten« und schließlich »für etwas einzustehen, etwas zu vertreten«. Das Substantiv »Verantwortung« ist erst drei Jahrhunderte später als das Verb nachgewiesen und sein Ursprung wird in der Übersetzung des lateinischen »respondere« (antworten, Antwort geben) aus der römischen Rechtssprache gesehen. Man braucht hier auch gar kein Genie zu sein, um das Wort im Wort zu erkennen: Ver-Antwort-ung.

Meine persönliche Definition von Verantwortung ist deshalb sehr einfach: Die Antwort.

Ich sehe das so: Egal, ob wir eine Verpflichtung, Pflicht, Herausforderung, Aufgabe, Aktion, oder ähnliches eingehen oder für etwas einstehen – oder im Umkehrschluss nicht eingehen und für nichts einstehen – wir werden immer eine bestimmte Art von Antwort bekommen und dann mit dieser Antwort leben dürfen und müssen. Oder, anders ausgedrückt: Es ist der Verantwortung völlig egal, ob wir für unsere Gedanken, Gefühle und vor allem Handlungen einstehen oder nicht, die Wirkung aus beiden Verhaltensmustern kommt trotzdem unvermeidbar und direkt zu uns zurück!

Ursache und Wirkung – wirkt immer

Es ist das Gesetz von Ursache und Wirkung, dass jede Ursache eine Wirkung hat und diese wiederum, in sich, neue Ursache ist. Sie kennen das sicher schon und haben es vermutlich bereits hunderte Male gehört und gelesen. Aber etwas gelesen und gehört zu haben, bedeutet noch lange nicht, dieses Gesetz anzunehmen und sich danach zu richten. Aber immer wieder meinen wir Menschen, wir könnten uns von diesem Naturgesetz entfernen oder es gelte für uns oder bestimmte Bereiche einfach nicht. Dabei ist es doch einfachste und zugleich tiefgründigste Physik. Etwas mit dem Verstand absolut Fassbares. Eine Ursache hat eine Auswirkung. Immer!

In Bezug auf unserem Begriff der Verantwortung, geht es also um nicht mehr, aber auch nicht weniger, als um *Antworten*.

- Die Antwort auf unser Verhalten.
- Die Antwort auf unsere Taten.
- Die Antwort auf unsere Emotionen.
- Die Antwort auf unsere Gedanken.

In erster Linie meine ich hier die Antwort für uns selbst. Die Antwort für unser körperliches Befinden, unseren Seelenfrieden, unsere Beziehungen, unsere Finanzen, unsere Arbeit und unseren gesamten Lebenssinn. Die Verantwortung uns selbst gegenüber!

Aber es geht auch noch um etwas anderes. Denn selbstverständlich gibt es auch immer eine Antwort in unserem Umfeld, also im Außen. Dieses Umfeld beginnt im kleinsten Kreise und endet – ja, wo endet es eigentlich? Unser Einfluss wird sicher kleiner, umso entfernter der Bereich ist; doch die Antworten, die Verantwortungen, also die Auswirkungen unseres Daseins, gehen weit über unsere persönlichen Beziehungen hinaus.

Wir können sowieso nichts bewirken ...

Für viele Menschen ist es nicht vorstellbar, Einfluss auf von ihnen vermeintlich weit entfernte Teile des Lebens zu nehmen. Sie glauben, in vielerlei Hinsicht keine Macht und Möglichkeit zu haben. Sie wähnen sich im Zustand der gestalterischen Ohnmacht, lehnen dadurch die Verantwortung, die sie ja durchaus haben, bewusst oder unbewusst ab und hadern machtlos mit ihrem Schicksal.

Kennen Sie solche Menschen? Ich bin einigen davon begegnet. Diese Leute, die immer wieder beteuern, ihre Stimme hätte doch ohnehin kein Gewicht? Die deswegen nicht an Wahlen teilnehmen oder ihre Stimme auch anderweitig nicht erheben, sich niemals für etwas einsetzen und einfach resigniert schweigen. Eine solche Einstellung tritt oft in Verbindung mit der Klage auf, »die da oben machen doch sowieso, was sie wollen«. Und so werden von Wahl zu Wahl die Beteiligungen geringer, weil diese Menschen denken, sie könnten ohnehin nichts beeinflussen. Alle, die so handeln, nehmen ihre Verantwortung gegenüber ihrem Land, ihrer Gemeinde, ihrer Familie und vor allem sich selbst gegenüber nicht wahr!

Tatsächlich setzen sich Ergebnisse aber nun einmal aus allen Einzelstimmen zusammen, es gäbe gar kein Ergebnis ohne die Stimme des Einzelnen. Umso problematischer wird es folglich, je weniger Personen ihre Stimme abgeben. Denn die einzelne Stimme wird umso gewichtiger, je weniger Menschen abstimmen!

Wenn hundert Leute nach ihrer Meinung gefragt werden und neunzig ihre Wahl treffen, gibt es eine Entscheidung aus der Meinung von neunzig von hundert, also einer wirklichen Mehrheit. Wenn die Hälfte derer davon ein bestimmtes Ergebnis bevorzugen, gibt es immerhin fünfundvierzig Mal von hundert Mal diese Meinung, zuzüglich derer, die diese Meinung teilen, aber nicht abgestimmt haben. Haben aber nur noch zehn Leute gewählt und neunzig nicht entschieden, kann es sein, dass sich die Meinung einer absoluten Minderheit durchsetzt. Wenn hier wieder die Hälfte diesem Ergebnis zustimmt, könnten fünf Meinungen die Meinung fünfundneunzig anderer überstimmen! Normalerweise müssten nun die Betreffenden erst recht ihre Meinung kundtun, damit die anderen Einzelnen, zum Beispiel die da oben, nicht einfach bestimmen können.

Das Gegenteil ist der Fall, mehr und mehr Menschen geben ihr Recht auf Mitbestimmung ab und nehmen das ihnen angestammte und zustehende Wahlrecht nicht wahr. Brachliegende Verantwortung nenne ich das gerne.

Eine aufschlussreiche Dinner-Konversation

Glücklicherweise gibt es jedoch immer wieder Menschen, die ihre Verantwortung erkennen, wahrnehmen und leben; die Möglichkeiten sehen und weit über ihren persönlichen Bereich hinaus wirken. Da gibt es zum Beispiel Oliver Percovich. Wenn der Name Ihnen nicht auf Anhieb etwas sagt, muss Sie das nicht beunruhigen. Oliver Percovich ist Australier und besuchte im Jahre 2007 zum ersten Mal Afghanistan. Er stellte fest, dass dort Kinder und Jugendliche nur über geringe Möglichkeiten der Sport- und Freizeitgestaltung verfügen. Insbesondere Mädchen dürfen bis heute viele Sportarten gar nicht ausüben und sind auch sonst strengsten Regularien des Landes und der Kultur unterworfen. Percovich gab zunächst auf seinen drei mitgebrachten Brettern einigen Mädchen und Jungen informelle Skate-Lektionen, entwickelte aber daraus bald den Plan, eine Skateschule zu eröffnen. Er hatte die Idee, dass er Kinder und Jugendliche über die Skate-Lektionen erreichen und ihnen ein Gemeinschaftsgefühl vermitteln könnte. Er gründete eine Organisation und baute diese in den folgenden Jahren mit der Hilfe internationaler Spender und Partner aus. 2009 eröffnete er in Kabul eine Halle mit fast zweitausend Quadratmetern Fläche, in der die Schüler in einer sicheren Umgebung das Skaten lernen können. In ebenfalls in der Halle errichteten Klassenräumen stellt die Organisation auch weitere Bildungsangebote, wie zum Beispiel Computerkurse, zur Verfügung.

Skateistan ist heute eine anerkannte Nichtregierungsorganisation, die Kinder und Jugendliche von fünf bis siebzehn Jahren, vor allem Mädchen, aus verschiedenen ethnischen Gruppen und sozialen Schichten nicht nur in Afghanistan, sondern mittlerweile auch in Kambodscha und Südafrika zusammenbringt. Die Organisation bietet Skateboarding-Lektionen an, die den Kindern Selbstvertrauen geben und ihnen helfen, Grenzen zu überwinden. Daneben verfolgt die Organisation das Ziel, die Jugendlichen wieder zum Schulbesuch zu bewegen und ihre Ausbildung durch eigene Bildungsangebote zu unterstützen.

Gerne erzähle ich in meinem Freundes- und Bekanntenkreis diese Geschichte, die mich immer wieder sehr positiv berührt und motiviert. Nun gibt es aber auch zu dieser außergewöhnlichen und beeindruckenden Story tatsächlich unterschiedliche Reaktionen, wie ich immer wieder staunend bemerke. So auch kürzlich anlässlich einer Dinnereinladung bei Freunden. Frank, unser Gastgeber an diesem Abend, ist ein sehr weltoffener und kultivierter Unternehmer mit einer echten Vision. Er lauscht meiner Erzählung gebannt und am Ende der Geschichte liegt ein großes, echtes Strahlen auf seinem Gesicht, seine Augen leuchten. Eindeutig empfindet er – so wie ich – diese Schilderung als strahlende Erfolgsstory, die aus der absoluten Leidenschaft für eine Sache entstand und in Verbindung mit der Kraft für das Gute zu einem wertvollen gesellschaftlichen Beitrag wurde. »Das ist doch der positive Wahnsinn, diese Organisation in einem solchen Land in gerade einmal zehn Jahren aufzubauen! Da habe ich den absoluten und vollen Respekt vor dieser Idee und ihrer Umsetzung«, begeistert er sich. »Dieser Oliver, was für ein Vorbild ist er doch für alle, uns ebenso zu engagieren und etwas dazu beizutragen, das Leben dieser jungen Leute, vor allem der Mädchen, zu verbessern!« Egon am anderen Ende des Tisches hat mit skeptisch hochgezogenen Augenbrauen zugehört. »Warum willst du für die da unten in diesem fernen Land etwas bewirken? Warum können wir nicht lieber etwas für uns tun? Was gehen uns die Menschen in diesen Ländern an?«, fragt er jetzt aufgebracht. Frank betrachtet ihn lange, dann sagt er: »Weil wir eine Verantwortung haben.« Egon bekommt einen roten

Kopf und antwortet, fast schon zornig: »Verantwortung, wieso? Für wen? Ich kenne da doch niemanden, da bin ich doch nicht verantwortlich. Die sollen sich dort selbst um ihr Leben kümmern, doch nicht wir«, ereifert er sich. »Weil diejenigen, die so viel mehr haben, an Weltoffenheit, Freiheit und auch an finanziellen Mitteln eben mehr geben müssen als andere. Da ist es mir nicht wichtig, ob ich diese Leute persönlich kenne, ich kann etwas für die Gemeinschaft, für das große Ganze bewirken, nur das zählt für mich. Da fühle ich mich verantwortlich«, erwidert Frank gelassen. »Was für ein Unsinn«, gibt Egon zurück. »Ich will erst mal selbst ein noch besseres Leben führen, etwas mehr Geld verdienen und würde gern auch wieder öfter verreisen. Das hat für mich absoluten Vorrang. Mit der Situation von irgendwelchen fremden Mädchen in fernen Ländern habe ich nichts zu tun. Das Leid der Welt geht mich wirklich nichts an!«

Jeder bekommt die passende Antwort

Ich habe diesem Dialog teilweise amüsiert, teilweise aber auch sehr betroffen gelauscht. Was für ein Abgrund, was für ein veritabler Grand Canyon liegt zwischen diesen beiden Sichtweisen. Nichts könnte den eklatanten Unterschied der verschiedenen Auffassungen rund um den Begriff Verantwortung besser illustrieren als die Konversation – oder besser gesagt der Schlagabtausch – zwischen Frank und Egon an jenem Abend. Das erklärt auch gleichzeitig die diffizile Aufgabe, Verantwortung allgemeingültig zu definieren. Hier herrschen derart differenzierte Meinungen vor, dass es nach meiner Auffassung niemals so richtig möglich sein wird, einen für alle Menschen zutreffenden Begriff der Verantwortung festzulegen. Es wird vermutlich immer die altruistischen Franks dieser Welt geben, die sich grundsätzlich verantwortlich fühlen und dies in ihren Taten auch eindeutig manifestieren. Genauso wird aber auch die Spezies der ego-orientierten Egons sicher nicht aussterben, die nur sich selbst und ihr eigenes kleines Leben im Blickwinkel haben. Das ist im Prinzip auch gar nicht so schlimm. Denn beide Typen von Menschen werden ihre ureigene Antwort auf ihr jeweiliges Verhalten erhalten. Und wenn diese Antworten für die Egons, die diesen Planeten bevölkern, immer unangenehmer und störender werden, dann kommt es mit der Zeit sicher zu einer neuen Sichtweise.

Trotzdem, viel zu viele Menschen denken noch immer wie Egon und betrachten zu viel Verantwortung als Fluch, als etwas zutiefst Negatives. Und das ist nicht gut! Denn Verantwortung – wenn sie richtig dosiert gelebt wird – ist etwas Wunderbares, sogar Erstrebenswertes. Verantwortung, so wie ich Sie verstehe, macht köstlich frei und damit unabhängig. Das mag für Sie jetzt paradox klingen, aber ich versichere Ihnen, es ist so! Wenn Sie sich Ihrer Verantwortung – und all den Herausforderungen, die sie mit sich bringt – in Ihrem Leben voll und ganz bewusst sind und sie offen, neugierig und verlässlich annehmen, werden sich Türen für Sie öffnen, von deren Existenz Sie bislang keine Ahnung hatten. Wie das funktioniert, sehen wir uns in den kommenden Kapiteln zusammen näher an.

2.
Verantwortungslos – was geht es mich an?

Die Scheu vor der Verantwortung ist eine Krankheit unserer Zeit.

Otto Eduard Leopold Fürst von Bismarck (1815–1898),
deutscher Politiker und Staatsmann

Wie wir dem obigen Zitat entnehmen können, besteht eine gewisse Problematik rund um das Thema Verantwortung schon etwas länger. Der Eiserne Kanzler nannte nicht angenommene Verantwortung sogar eine Krankheit. Ich kann ihm da nur aus voller Überzeugung beipflichten. Denn die Scheu und das ängstliche Zurückschrecken vor der Verantwortung machen über kurz oder lang unglücklich und krank, davon bin ich fest überzeugt.

Warum reagieren so viele Menschen mit einem achselzuckenden »Was geht es mich an?«, oder auch »Ich bin da doch nicht zuständig«, wenn sie mit dem Thema Verantwortung konfrontiert werden? Warum fühlen sie sich sofort negativ berührt und gar nicht zuständig? Warum stellen sie ihren Teil der Verantwortung grundsätzlich infrage? Oder lehnen ihn sofort beinhart ab?

Ich gehe als grundlegend positiv gestimmter Mensch einmal davon aus, dass die Ablehnung von Verantwortung nur in den seltensten Fällen einen böswilligen Hintergrund hat. Diese sofortigen Abwehrmechanismen sind in meinen Augen in den allermeisten Fällen nur eine Art und Weise, die eigene gefühlte Machtlosigkeit eines Menschen zum Ausdruck zu bringen. Wer sich machtlos fühlt, meint, er kann sowieso nichts erreichen. Und wer so denkt, lehnt die Zuständigkeit lieber gleich von vornherein ab. Dafür gibt es meiner Meinung nach – in der Reihenfolge ihrer Häufigkeit – diese vier möglichen Gründe:

1. Bequemlichkeit
2. Unkenntnis
3. Dummheit
4. zu Recht

1. Bequemlichkeit

Ich wage zu behaupten, dass Bequemlichkeit in mehr als neunzig Prozent aller Fälle die wahre Ursache von nicht oder nicht ausreichend übernommener Verantwortung ist. Hier gibt es fließende Grenzen von einfacher Gedankenlosigkeit und Oberflächlichkeit, über die echte Überforderung bis hin zum übelsten, bewusst eingesetzten und puren Egoismus.

Die meisten Menschen sind allerdings einfach zu bequem, um sich darüber ausgiebig Gedanken zu machen. In unserer rasend schnellen und reizüberfluteten heutigen Welt ist Gedanken machen eine anspruchsvolle, zeitlich aufwendige Aufgabe geworden. Und so ist es natürlich viel leichter, sich von der Verantwortlichkeit zu distanzieren. Abzuschalten und sich bewusst allen Ablenkungen zu entziehen, erfordert mittlerweile Planung und Disziplin. Selbst wenn wir uns die Zeit nehmen und uns dem Denken verschreiben, müssen wir uns manchmal zwingen, am Ball zu bleiben. Denn es ist anstrengend, in die Tiefe zu gehen und sich nicht mit den ersten oberflächlichen Ergebnissen unserer Denkarbeit zufriedenzugeben. Speziell Gedanken zu Verantwortung und deren Auswirkungen ergeben verschiedenste Ergebnisse, die im nächsten Schritt wieder mehrere Varianten bieten und so schnell zu Dutzenden von Möglichkeiten in den verschiedensten Tiefen und Ebenen führen.

Die Bequemlichkeit, die sich in erster Instanz nach furchtbarer Faulheit anhört, ist also durchaus auch nachvollziehbar und menschlich. Nichtsdestotrotz dürfen wir uns darauf nicht ausruhen, denn im Ergebnis verbleiben die Verantwortung und damit die Folgen ihrer Übernahme oder Nicht-Übernahme immer bei uns. Wir bestimmen mit unserer Trägheit oder mit unserer Aktivität in Sachen Denken unser Glück und unseren Erfolg. Wir gestalten unser Leben oder überlassen es anderen und dem Zufall, wenn wir uns für die eine oder andere Seite entscheiden. Verantwortung – ja oder nein – bei dieser Entscheidung spielt sehr oft die Bequemlichkeit keine geringe Rolle.

2. Unkenntnis

Genauso wie Unwissenheit nicht vor Strafe schützen kann, so kann Unkenntnis nicht als Ausrede für Verantwortungslosigkeit dienen. Wir leben in einer Zeit, in der Wissen und Informationen so einfach, schnell und zumeist völlig kostenfrei zugänglich sind, wie es dies noch niemals zuvor gegeben hat. Die Möglichkeiten, sich zu informieren und sich mehr Wissen zu einem bestimmten Thema anzueignen, sind schier grenzenlos. Nehmen wir dieses Angebot nicht wahr, landen wir ebenfalls wieder bei der schon erwähnten Bequemlichkeit.

Anders verhält es sich mit unzureichend erhaltenen oder gar falsch übermittelten Informationen. Unser Leben ist viel zu komplex, als dass wir alle Informationen, die wir bekommen, überprüfen könnten. Insofern sind wir auf die verlässliche Zusammenarbeit mit anderen, mit einem Team, angewiesen. Daheim ist es der Partner oder die Familie, am Arbeitsplatz sind es die Kollegen, Vorgesetzten und Mitarbeiter. Auch in jedem anderen Bereich unseres Lebens sind wir auf ein Kollektiv, mehr oder weniger groß, angewiesen. Wenn wir falsche Informationen erhalten, können wir gar nicht die richtigen Entscheidungen treffen und auch unzureichende Informationen können zu wenig sinnvollen Schlussfolgerungen führen. Deshalb ist die Auswahl unserer Umgebung, die Qualität unseres Teams sowie die präzise Kommunikation mit diesem ebenfalls von entscheidender Bedeutung für die Exaktheit unserer Entscheidungen und damit den Erfolg unseres Lebens.

3. Dummheit

Ich gehe davon aus, dass nur die allerwenigsten Menschen über zu wenig Klugheit verfügen, um die wahren Zusammenhänge einer Situation zu verstehen. Die meisten Leute machen sich einfach nicht die Mühe, gewisse Prozesse weiter oder gar zu Ende zu denken. Das hat jedoch nichts mit Dummheit zu tun, sondern geht wieder in Richtung geistiger Bequemlichkeit. Insofern erlaube ich mir, auf diese kleine Randgruppe »dumm« nicht näher einzugehen, zumal wir auf sie ohnehin kaum Einflussmöglichkeiten haben. Wie wollen Sie Regularien für Dumme schaffen und umsetzen? Strenge Gesetze und strikte Vorgaben aller Art wären zwar eine Möglichkeit, doch keine Vorschrift dieser Welt wird echte Dummheit verhindern können – und somit wäre deren Einhaltung sowieso nicht gewährleistet.

4. Zu Recht

Das ist sicherlich einer der interessantesten Punkte, weil er generell noch viel zu wenig Beachtung und Akzeptanz findet. Manches Mal ist es eindeutig erforderlich, unsere Zuständigkeit für diese oder jene Verantwortung glasklar abzulehnen. Wir werden alle immer wieder mit einer gewissen Machtlosigkeit oder Handlungsohnmacht konfrontiert, die wir nur akzeptieren können. Die darauf folgende Ablehnung geschieht völlig zu Recht. In der heute vorhandenen Heerschar von Coaches aus allen möglichen Bereichen wollen uns zwar einige glauben machen, dass wir alles beeinflussen können, doch ich halte dies nicht nur für Blödsinn, sondern zudem auch noch für brandgefährlich. Es führt nämlich dazu, dass Menschen aufgefordert werden, etwas zu ändern zu versuchen, was sie gar nicht in der Hand haben.

So werden sie mit jedem bereits vorprogrammierten Misserfolg dann scheinbar noch erfolgloser und frustrierter. In einer Zeit, in der jeder zehnte Deutsche nach eigenen Angaben unter Depressionen leidet, halte ich das für keine unbedenkliche Herangehensweise. Die ohnehin schon depressiven Menschen werden durch diese zwar gut gemeinten, doch wenig wirkungsvollen Ratschläge nur noch deprimierter, und wer einmal mit dieser Krankheit bei sich selbst oder in seinem nahen Umfeld zu tun hatte, weiß um deren Schwere. An dieser Stelle darf ich wieder einmal dringend an das generelle Verantwortungsbewusstsein appellieren: So manche Berater und Coaches sollten in diesem Zusammenhang ihrer Verantwortung intensiver gerecht werden und ihren Beruf gründlicher, umsichtiger und ernsthafter betreiben.

Wann müssen wir?

Das bringt uns zu einer wichtigen Frage: Wann müssen wir Verantwortung ablehnen, und wann geschieht dies völlig zu Recht? Nehmen wir einmal ein direktes Beispiel, um Interpretations-Missverständnisse zu vermeiden: Wenn Ihr Vater Sie dafür verantwortlich macht, dass er sein Leben nicht so frei und unabhängig führen konnte, wie er es sich nachträglich wünscht, dann müssen Sie die Verantwortung nicht nur ablehnen, sondern dann haben Sie schlichtweg absolut nichts damit zu tun! In diesen Entscheidungsprozess mit all seinen Folgen und Verantwortungen waren Sie ja nicht mit eingebunden. Oder, wenn die Bundesregierung eine nicht öffentlich ersichtliche Entscheidung trifft, dann sind Sie zwar mittelbar mitverantwortlich an der Regierungsbildung, doch erstens war bereits hier Ihre persönliche Verantwortung überschaubar und zweitens manchmal auch nicht vorhersehbar. Sie sind nicht für jedes politische Dilemma verantwortlich!

Die Grauzonen der Verantwortung

Es gibt viele Bereiche, in denen diese Abgrenzung nicht ganz so einfach und eindeutig ist. Ihr Arbeitgeber fordert von Ihnen Dinge, die mit Ihren Aufgaben rein gar nichts zu tun haben? Sie bekommen eine Rüge für die Arbeit eines Kollegen? Ihr Partner gibt Ihnen die Schuld für seine Versäumnisse, zum Beispiel weil er seine Freundschaften nicht gepflegt hat, die Karriere versäumte oder seinen Körper vernachlässigte. Selbst bei der Erziehung der Kinder gibt es Grenzen. Natürlich werden Sie sich gerade in dieser Hinsicht vermutlich nie ganz freimachen können, doch Sie sind ganz sicher nicht für jede Handlung Ihrer Sprösslinge ein Leben lang verantwortlich. Es gibt Entwicklungen, da haben Sie alles in Ihrer Macht Stehende getan und müssen die Verantwortung irgendwann abgeben. Sie werden vermutlich trotzdem nie ganz damit aufhören, sich verantwortlich zu fühlen, doch Kinder werden erwachsen und müssen sich eines Tages selbst verantworten.

Wenn Mütter früher ihre noch kleinen Kinder zum kompletten Aufessen des Tellerinhalts aufforderten und den gerne verwendeten Hinweis auf hungernde Kinder in Afrika brachten, war dies sicherlich gut gemeint. Doch die Botschaft dahinter ist die eigene Verantwortlichkeit für die hungernden Kinder in Afrika, die ein Kind ganz sicher in dieser Phase seines Lebens weder hat noch irgendetwas damit anfangen kann. Leider ist ein Kind jedoch nicht in der Lage, die Verantwortung direkt abzulehnen, was hier vollkommen zu Recht gegeben wäre. So werden wir oft von Kindheit an indirekt von Eltern und anderen Bezugspersonen – von diesen durchaus gut gemeint – in ein zu überspitztes Verantwortungsdenken gedrängt, das uns später im Leben hinderlich sein kann.

Es ist nun einmal so: Wir können manchmal Verantwortung nicht übernehmen, denn wir haben im Leben auf einige Dinge wenig oder gar keinen Einfluss, und ich denke, wir können sogar sehr froh darüber sein.

Nehmen wir zum Beispiel den Tod. Ich vermute, dass wir es nicht ändern können, eines Tages ableben zu müssen. Ich gehe davon aus, dass noch viele Anstrengungen unternommen werden, das Leben zu verlängern. Die diesbezüglichen Entwicklungen sind rasant, doch die Tatsache, dass wir alle eines Tages sterben, bleibt gewiss. Vielleicht friert uns einer zu Lebzeiten ein und holt uns an anderer Stelle wieder heraus, aber auch dies wäre nur eine Zeitversetzung. Unsere Erde wäre sicherlich auch nicht besonders geeignet für die rasante Bevölkerungszunahme. Also würden wir uns vermutlich doch wieder selbst den Tod beibringen, weil hier schlichtweg kein Platz für alle wäre. Ich denke, es ist gar nicht so schlecht, dass wir nicht ewig leben und uns von unseren Nachfolgern auswechseln lassen.

Ebenso ist beispielsweise die Tatsache, dass der Mensch ohne Hilfsmittel nicht fliegen kann, nicht veränderbar. Auch wenn ich um die übertragene Bedeutung des Satzes »Alles ist möglich« wohl weiß und sicher ein Fan des Möglichkeitsdenkens bin, diesen Ausspruch kann ich nicht mehr hören. Er bereitet mir regelrecht Schmerzen. Es ist im Leben eben nicht alles möglich. Und wir tun gut daran, dies auch zu akzeptieren. Oder versuchen Sie doch mal, die Sonne im Westen aufgehen zu lassen. Auch die Schwerkraft ist eine feste Gegebenheit. Dinge fallen nun einmal nach unten. Da haben Sie wenig Einfluss. Das Gesetz von Ursache und Wirkung ist ein weiteres und wichtiges Beispiel. Es gibt also Gesetzmäßigkeiten, die sind einfach so, wie sie sind, und sie lassen sich auch nicht überlisten. Wenn ich keinen Einfluss darauf habe, kann ich folglich auch keine Verantwortung dafür übernehmen.

Das richtige Maß

Ebenso können wir niemals die Verantwortung für das Verhalten anderer Menschen auf unseren Schultern lagern. Hier ist die Bandbreite zwar groß, doch in einem sind wir uns ganz sicher einig: Unser Einwirken auf das Verhalten einer anderen Person ist begrenzt. Jeder Mensch ist nun einmal mit dem freien Willen ausgestattet und trifft seine eigenen Entscheidungen, wie viel Verantwortung er oder sie denn in einer bestimmten Situation zu übernehmen bereit ist oder welche Entscheidungen er überhaupt trifft. Das ist definitiv nicht unsere Baustelle. Auch dann nicht, wenn wir genau zu wissen meinen, dass eine bestimmte Entscheidung einer Person unseres Umfeldes falsch ist. Es geht uns schlichtweg nichts an.

Das führt uns weiter auch dazu, die Verhältnismäßigkeit innerhalb der Verantwortung zu hinterfragen. Welcher Aufwand in puncto Verantwortung ist nötig, um welche Ergebnisse zu erzielen? Wie immer im Leben spielt das richtige Maß eine wesentliche Rolle, diesem Thema werden wir uns an späterer Stelle noch einmal ausführlich widmen. Fest steht: Überfordert uns die Übernahme von Verantwortung, wird dies niemals zu einem guten Ergebnis führen. Wir sind es uns selbst also unbedingt schuldig, gewisse Verantwortungen abzulehnen. Wir können unmöglich für alles und schon gar nicht gleichzeitig die Verantwortung übernehmen. Wir würden verrückt, denn schon der Faktor Zeit begrenzt unsere reellen Einflussmöglichkeiten. Wir müssen also immer gewisse Bereiche der Verantwortung zurückweisen und uns auf die wichtigen und wesentlichen Dinge bei uns selbst konzentrieren. Hier das richtige Maß zu finden, ist ganz sicher ein lebenslanger und nie endender Prozesse.

IHRE MISSION VERANTWORTUNG

Wenn Sie an Ihr eigenes Leben denken, wo haben Sie Verantwortung schon einmal kategorisch abgelehnt? Waren Sie in Unkenntnis oder gar bequem? Oder haben Sie die Übernahme von Verantwortung abgelehnt, weil Sie überzeugt waren, dass dies nun einmal nicht Ihre Baustelle war? Vor allem, sind Sie im Nachhinein wirklich sicher, richtig entschieden zu haben?

Verantwortung beginnt bei kleinen Dingen

Auch ein Bitte und Danke, etwas Achtung, Respekt und gutes Benehmen sind bereits gute Ansätze für ein verantwortliches Miteinander, die leider zunehmend verloren zu gehen scheinen, aber uns doch alle angehen.

Sehr vielen Menschen fällt es in ihrem auf sich selbst fokussierten Alltag gar nicht auf, wenn sie sich einer Situation, in der sie eigentlich Verantwortung übernehmen sollten, dieser gleichgültig entziehen. Das kann schon damit beginnen, dass eine gebrechliche ältere Dame in einem vollen Bus keinen Sitzplatz bekommt und niemand sich erhebt und ihr einen Platz anbietet. Das läuft dann meist so ab: Die sitzenden Personen wenden peinlich berührt den Blick ab, schauen nach unten, aus dem Fenster oder starren angestrengt in ihr Smartphone, in der Hoffnung, man würde glauben, sie hätten die Dame nicht bemerkt. Alle Businsassen hegen jetzt den gemeinsamen inneren Wunsch, es würde einen anderen treffen. Sie rechtfertigen ihr Nicht-Handeln dann mit Gedankensplittern wie »Schließlich habe ich ja selbst schon den ganzen Tag gestanden.« Oder aber: »Ich muss ja nach dem Aussteigen noch einen weiten Fußweg zurücklegen und meine Tasche ist so schwer«. »Es wird schon jemand anderes aufstehen, jemand, der jünger ist oder heute noch nicht so viel gearbeitet hat.« Während sich die Menschen im Bus mit diesen und ähnlichen Gedanken selbst beruhigen und aus der Situation nehmen, ist die alte Dame entweder schon umgefallen oder bereits wieder ausgestiegen. Das wirklich Schlimme daran ist ja nicht, dass sie keinen Platz bekam – was sicher auch grob unhöflich ist – sondern vor allem die Tatsache, dass sich alle diese Mitfahrenden gar nicht bewusst sind, einem klaren Akt der Verantwortung brutal und egozentrisch den Rücken zugekehrt zu haben. Hier trifft der Verweigerungsgrund Bequemlichkeit in voller Wucht zu!

Eine Tür als Symbol von gelebter Verantwortung

Eine aufgehaltene Tür ist ebenfalls ein anschauliches Beispiel. Wer will schon verantworten, dass der dahinter Gehende eine Tür vor den Kopf bekommt? So mancher könnte aber auch so denken: »Was geht mich das an, der kann doch die Tür alleine aufmachen?!« Klar, er könnte sie auch selbst aufmachen. Aber rein physikalisch ist eine erhöhte Kraft notwendig, eine zufallende Tür zu öffnen, da sie erst einmal in ihrer Bewegung zu stoppen ist. Es wäre also nicht nur viel leichter, die Tür für den Folgenden aufzuhalten, sondern ganz nebenbei auch noch oft mit zahlreichen positiven Gefühlen für Sie selbst verbunden. Unsere Konzentration ist aber selten auf Rücksicht und gute Gefühle gerichtet. In einer Gesellschaft, in der scheinbar keiner mehr gern Türen und Griffe berührt, spielen sich zum Teil sehr lustige Bilder ab. Offenbar muss die Gefahr einer gefährlichen Ansteckung so groß sein, dass wir solche Flächen auf keinen Fall berühren wollen. So kommt es mir zusehends vor. Stellen Sie sich doch einmal zehn Minuten in ein Einkaufscenter und beobachten Sie die herein- und herausströmenden Massen. Da werden die Ellbogen genutzt, die Füße, Knie, Schultern und was weiß ich nicht alles, aber selten die Hände. Und wenn, dann auch niemals an den Handgriffen, sondern nur ganz oben oder ganz unten, wo sonst vermeintlich keiner zugreift. Stimmt nur leider nicht, weil vermutlich die wenigsten Berührungen am Handgriff selbst zu finden sind, da fast jeder so denkt. Hier treibt uns offenbar die Angst – vor welch schwerer Erkrankung auch immer – und hält uns von der Verantwortung für unseren guten Umgang mit anderen ab. Dass uns ein solches Verhalten auch gleichzeitig um unseren Lohn in Form von wunderschönen gegenseitigen Glücksgefühlen bringt, – ich habe für jemanden etwas getan, und der andere freut sich auch – vergessen die meisten Menschen dabei.

Verantwortungslosigkeit kann grausam sein

Ich wohne an einem See. In der warmen Jahreszeit verbringen dort junge Erwachsene einen großen Teil des Abends und manches Mal sogar die ganze Nacht. Das ist für die jungen Leute sicher sehr abenteuerlich oder auch romantisch. Nichts dagegen zu sagen. Leider sieht es dort am nächsten Morgen oft wie auf einem Schlachtfeld aus. Kippen, Drogentütchen, Flaschen, Dosen und Verpackungen diverser Natur präsentieren sich als wild verstreute Überbleibsel der nächtlichen Vorgänge. Selten sind die unmittelbaren negativen Auswirkungen auf die Tiere und unsere Natur so deutlich sichtbar. Man kann als Beobachter die Schmerzen förmlich spüren, wenn Enten, Schwäne und Hunde über Glasscherben und spitze Plastikbruchstücke laufen und sich neugierig vergammelten Essensresten widmen. Es gab schon viele Versuche der Anwohner, dies zu unterbinden, doch offenbar sind die Beteiligten nicht einmal ansatzweise daran interessiert, die ihnen zur Verfügung gestellten Mülltüten zu benutzen. Das ist nicht gelebte Verantwortung, die wirklich wehtut.

Ich darf alles – wirklich?

Ein anderer Bereich, in dem hohe Verantwortungslosigkeit ausgelebt wird, ist eine persönliche Vorteilsnahme auf Kosten der Gemeinschaft. Ein exzellentes Bespiel dafür sind Haftpflichtversicherungen. Hier werden gerne Versicherungsleistungen zur persönlichen Bereicherung genutzt, indem Schäden künstlich aufgebläht oder skrupellos selbst herbeigeführt werden. Genau jene Zeitgenossen, die so agieren, sind es dann, die am lautesten über steigende Versicherungsbeiträge zetern. Abgesehen davon, dass es sich hierbei um Betrug und damit strafrechtliche Tatbestände handelt, werden zugunsten der eigenen Kasse Nachteile und negative Konsequenzen für viele andere Menschen einfach gleichgültig ausgeblendet.

Natürlich gibt es immer auch Menschen, die ihrer Verantwortung beispielhaft nachkommen. Ihnen stehen aber viele, viele andere gegenüber, die auf Kosten der Verantwortungsbewussten ihr eigenes Leben erleichtern und verschönern. Innerhalb eines Unternehmens können Kollegen ein Lied davon singen, wenn es um Abwesenheits- und Vertretungszeiten geht. Wie ich aus Erzählungen höre, scheint es in den Unternehmen wahre Weltmeister zu geben, die es regelmäßig schaffen, sich vor jeder Urlaubsvertretung oder vor notwendigen Wochenendeinsätzen geschickt zu drücken. Und da unsere Businesswelt nicht immer gerecht ist, ist die logische Konsequenz eines solchen Verhaltens nicht immer ein Karrierestillstand, sondern eine Beförderung, während die brav und verlässlich vor sich hin arbeitenden Teammitglieder oft leer ausgehen. Es ist leider eine Tatsache, dass diejenigen, die dreist und machtbewusst auftreten und meinen, alles zu dürfen, sehr oft mit diesem Verhalten durchkommen.

Eine perfekte Welt

Sie sehen, in puncto Verantwortung oder besser gesagt, nicht ausreichend gelebter Verantwortung, gibt es die unterschiedlichsten Erscheinungsvarianten. Und sie alle könnten mit etwas mehr Achtsamkeit und Hingabe so leicht vermieden werden. Stellen Sie sich eine Welt vor, in der Fußgänger ohne Rempeleien auskommen, sich Mütter beim Treppenlauf mit ihren Kinderwagen an helfenden Händen erfreuen, Radfahrer auf Passanten Rücksicht nehmen und Rettungsfahrzeuge schnell durch die Gasse kommen. Und wenn wir als gesamte Menschheit Schritt für Schritt merken, wo wir auf unseren täglichen Wegen so viel Verantwortung liegen lassen und sie durch diese Erkenntnis mehr und mehr wahrnehmen, wer weiß, was dann langfristig an großartigen und manchmal sogar geschichtsbuchreifen Leistungen möglich wäre. Die Vergangenheit hat tolle Beispiele, wie zum Beispiel die friedliche Wiedervereinigung der beiden Teile Deutschlands. Oder stellen Sie sich weiter vor, Raucher verschonen ihre nichtrauchenden Zeitgenossen von ihrem Qualm und nehmen Rücksicht. Sportler räumen ihre benutzten Gewichte im Fitnesscenter sorgsam weg und Firmen nehmen ihre defekten Waren problemlos wieder zurück. Wie sehr würde eine solche ganzheitliche Rücksicht und gelebte Verantwortung unser aller Leben erleichtern?

Die Gemeinschaft ist aufgerufen

Doch neben diesen kleinen und alltäglichen Dingen ist auch eine gewisse Weitsicht gefordert. Unser Konsum- und Einkaufsverhalten wird nicht nur bei Plastikverpackungen und Fleischverzehr eine entscheidende Rolle der künftigen Entwicklung spielen. Auch hier besteht die Summe des Ganzen aus dem Verhalten des Einzelnen, und eine Ablehnung der Verantwortlichkeit erübrigt sich schon deshalb. Wir müssen sorgsamer darauf achten, was wir mit unserem Verhalten dulden, fördern und unterstützen. Wenn wir massenweise billigste Fleischwaren kaufen und konsumieren, wird die Lebensqualität der betroffenen Tiere ganz sicher nicht verbessert. Neben Plastikverpackungsmaterial gibt es sicher auch bei den Kartonagen Verbesserungsmöglichkeiten, denn auch Bäume können nicht sinnlos verbraucht werden. Die Wasserkapazitäten sind begrenzt, auch wenn wir uns dies angesichts der Weltmeere kaum vorstellen können, die Energieträger wie Gas und Öl sind nicht einfach reproduzierbar, und selbst die gewandelte Sonnen- und Windenergie kann im Moment nicht problemlos gespeichert und geswitched werden. Es ist schön, dass das Feld der erneuerbaren Energien endlich ernster genommen wird, doch wir haben noch immer keine dauerhafte Lösung für unseren Konsumbedarf gefunden. Schlussendlich müssen wir uns in der Gemeinschaft gegenseitig solange auf die Finger schauen – und vielleicht sogar mal etwas auf die Finger klopfen – bis wir bessere Lösungen für uns Menschen auf diesem Planeten gefunden haben.

Es geht auch um uns

Aber diese großen und weitsichtigen Themen überschatten gelegentlich das eigene Leben mit den individuellen, kleinen Themen und Baustellen der Verantwortung. Dabei wären gerade diese so einfach zu bewältigen, wenn wir nur etwas mehr Energie und Konzentration dafür übrig hätten. Oder uns eine Weile darauf fokussieren würden. Doch das ist meist nicht der Fall. Unsere eigene Gesundheit, Fitness und unser Wohlbefinden, unsere Beziehungen, unser Geld. Wie viel Zeit und wie viele verantwortliche Gedanken widmen wir diesen Bereichen denn wirklich? Wir lehnen sehr oft auch die Verantwortung für unsere Ernährung ab, weil wir angeblich keine Zeit dafür haben.

Natürlich sind wir im Gesamten schnell an der Grenze der Belastbarkeit, die Überforderung mit Verantwortlichkeiten ist im Zeitalter von Persönlichkeitsoptimierungen in allen Bereichen mehr Thema denn je, und so führt auch diese über diverse Umwege wieder zur Bequemlichkeit. Wir können heute so viel selbst bestimmen, dass dies schnell zu Überlastung führt. Wir müssen heute so viel selbst bestimmen, dass die gewonnene Freiheit nicht mehr als Freiheit geschätzt, sondern als Pflicht verdammt wird.

Die Verantwortung der Freiheit

Freiheit bedeutet Verantwortlichkeit. Das ist der Grund, weshalb sich die meisten Menschen vor ihr fürchten.

wusste schon so treffend George Bernard Shaw (1856–1950),
irischer Dramatiker, Satiriker und Politiker

Menschen fürchten sich vor der Freiheit? Wirklich? Diese Aussage ist auf den ersten Blick kaum nachvollziehbar. Ist Freiheit doch ein Gut, das angeblich jeder Mensch als hohes Ziel anstrebt. Bei genauerer Betrachtung ist diese Aussage von Shaw jedoch sehr richtig.

Sehen wir uns einmal expliziter an, was genau mit Freiheit gemeint ist. Wann ist man denn frei? Und was bedeutet es eigentlich, frei zu sein? Geht es dabei um die Möglichkeit, sich den Tag so zu gestalten, wie man will oder um die finanzielle Freiheit? Sich kaufen zu können, was man möchte und um die Möglichkeit, nie mehr arbeiten zu müssen? Oder geht es um die Liebe, die Freiheit in der Beziehung oder doch nur in der Sexualität? Reden wir von der Gesundheit und den Freiheiten der körperlichen Selbstbestimmung? Oder nur von der Wahl, wo wir leben, in welchem Land, welcher Region, welcher Umgebung, welchem Haus, welcher Wohnung und mit welchem Umfeld? Oder geht es vielleicht nur darum, überhaupt freie Entscheidungen treffen zu müssen?

Halten Sie doch einen Moment inne und stellen Sie sich diese Fragen:

- Wollen Sie frei sein?
- Was bedeutet für Sie Freiheit?
- Was würden Sie tun und was würden Sie lassen, wenn Sie vollkommen frei wären?

Ob es um persönliche Freiheiten – egal welcher Art – oder um kulturelle, religiöse, wirtschaftliche oder politische Freiheiten geht, diese Tatsache bleibt bestehen: Je mehr Freiheit wir erlangen, desto mehr müssen wir selbst bestimmen. Je mehr Freiheit wir haben, desto mehr Verantwortung kommt auf uns zu!

Der Rahmen, den wir sprengen wollen, die Regeln und Pflichten, die wir mit der Freiheit hinter uns zu lassen wünschen, werden mit dem Erlangen dieser neuen und köstlichen Freiheit nicht etwa weniger, sondern tatsächlich mehr! Angenommen, unsere Lebensumstände verändern sich – plötzlich können wir selbst alle Regeln aufstellen. Genau so, wie wir sie haben wollen. Wir sind damit auf einem anderen Level angelangt, das ein neues Denken und Handeln fordert. Bisher konnten wir die Dinge in die Hand nehmen, jetzt müssen wir es. Wir haben keine Wahl mehr. Wir sind nun zwar vogelfrei, unsere Entscheidungen zu treffen. Aber wir sind nicht frei von Verantwortung. Da, wo wir jetzt stehen, auf diesem neuen, höheren Niveau, da ist nämlich niemand anderer mehr in der Verantwortung. Keiner sagt mehr, wo es lang geht, niemand gibt die Strukturen vor, und folglich lässt sich auch die Schuld, wenn Dinge schiefgehen, nicht mehr auf andere verteilen und abwälzen. Es gibt nur noch die Selbstverantwortung!

Soweit die Theorie. In der Praxis gibt es natürlich viele Stufen auf diesem Weg und die komplette Freiheit gibt es ebenso wenig wie die vollständige Selbstverantwortung. Doch ich denke, wir müssen uns die Extreme ansehen, um uns in die richtige Richtung bewegen zu können.

Nur wenige Menschen übernehmen echte Verantwortung

In unserer Gesellschaft ist es die Regel geworden, Verantwortungen von sich zu weisen und anderen zuzuschreiben. Doch das war zu keiner Zeit wirklich anders. Letztlich war es wohl immer schon eine Minderheit, die sich durch die Menschheitsgeschichte hindurch der Verantwortlichkeit gestellt hat, während die Mehrheit versucht hat, sich dieser zu entziehen.

Nun könnten Sie und ich uns darüber echauffieren und beklagen, wie viel besser dieses Leben und diese Welt aussehen könnten, wenn wir doch alle miteinander verantwortlicher wären. Doch wir würden damit nichts bewirken. Wir würden noch nicht einmal Veränderungen anregen. Verbesserungen setzen Veränderungen voraus. Das klingt simpel, ist aber in der Umsetzung nicht so ganz einfach.

Wie oft haben Sie sich schon ein anderes Ergebnis gewünscht und doch immer wieder die gleiche Strategie benutzt, die schon viele Male nicht funktioniert hat? Mit diesem Verhalten sind Sie nicht alleine. Das machen wir alle so. Aus meiner Sicht ist der erste Schritt für Veränderung und damit Verbesserung die Klarheit über den Istzustand. Egal, wie schlecht dieser ist.

Im zweiten Schritt müssen wir Einsichten gewinnen und das Vorhandene verstehen und zwar aus zwei verschiedenen Gründen: Erstens geben uns die Einsicht und das Verständnis ein besseres Gefühl und einen schärferen Verstand für die zur Verfügung stehenden Lösungsmöglichkeiten. Zweitens sind Veränderungen ohne die Berücksichtigung des exakten Grundes für die notwendige Veränderung immer nur von kurzer Dauer. Der echte Antrieb für unser Handeln, das Warum, setzt sich langfristig immer durch, und eine anhaltende Veränderung kann nur dann eintreten, wenn das Warum geändert wird. Und als letzten Schritt können wir dann einen Weg finden, wie wir von dem Istzustand zum gewünschten Sollzustand kommen.

Wie sieht unser Status quo zum Thema Verantwortung aus?

- Wir übernehmen viel zu wenig Verantwortung für unser eigenes Leben.
- Wir könnten für das Leben anderer deutlich mehr Verantwortung übernehmen. Dazu zählen in erster Linie unsere Kinder, Partner, Freunde, Familienmitglieder, Bekannte, Kollegen, Kunden und so weiter, aber darüber hinaus auch fremde Menschen aus den unterschiedlichsten Bereichen, Ländern und Kulturen.
- Auch für politische und gesellschaftliche Entwicklungen, für Natur und Umwelt, den Tierschutz, die Achtsamkeit mit unserem Planeten und viele weitere Domänen; haben wir noch hohes Potenzial für mehr Verantwortlichkeit.
- Dabei ist es unsere wichtigste Aufgabe, die richtige Dosis an Verantwortung zu erkennen und nicht im vorauseilenden Gehorsam zu viel davon auf unseren Schultern zu lagern. Oder Verantwortung unüberlegt sofort vollkommen abzulehnen. Hier existiert bei vielen Menschen keine ausreichende Balance.

Wir sind nicht perfekt, aber können besser werden

Lassen Sie uns nun die Gründe und Ursachen betrachten, die zu diesem Status quo führen. Wie schon erwähnt, streben Menschen angeblich nach Freiheit. Tatsächlich ist den meisten Menschen durchaus klar, dass Freiheit mit Selbstbestimmung einhergeht und diese auch unbequem sein kann. Denn selbst zu bestimmen bedeutet nicht nur, die Vor- und Nachteile abzuwägen, sondern auch eventuelle spätere Folgen zu bedenken und die kurzfristigen, schnellen Freuden den langfristigen Vorzügen unterzuordnen. Und es bedeutet auch, ständig Entscheidungen treffen zu müssen! Selbstbestimmung heißt, es gibt niemanden mehr, dem ich die Schuld zuweisen kann, den ich für meine Fehlleistungen, Misserfolge und anderes Unerwünschte verantwortlich machen kann. Selbstbestimmung bedeutet Verantwortung zu haben und zu hundert Prozent verantwortlich zu sein!

Unter diesem Aspekt erscheint die Freiheit plötzlich in einem ganz anderen Licht. Ihre Leichtigkeit geht dahin. Wenn uns klar wird, dass die Freiheit mit Pflichten und sorgfältigen Überlegungen verbunden ist, bekommen wir tatsächlich eher Angst. Wir fürchten uns dabei natürlich nicht vor den angenehmen Seiten der Freiheit, wir fürchten die mit der Freiheit verknüpfte Verantwortlichkeit! Wir fürchten uns vor dem Verlassen der angenehmen Seite der Opferrolle. Ja, Sie haben richtig gehört, die angenehme Seite der Opferrolle. Natürlich gibt es die positive Seite des Opferdaseins. Denn sonst würde niemand auch nur ansatzweise darauf eingehen und Opfer sein wollen. Die Opferrolle bedeutet, geführt zu werden – und in gewissem Maße damit Leichtigkeit und sogar Sicherheit zu erhalten. Und auch wenn die eigene Bedeutung in dieser Rolle schlichtweg abhanden kommt, so kann man doch im Zweifel wieder bedeutend werden, wenn die Ergebnisse schlecht oder unerwünscht sind. Denn dann ist man der Kritiker, der diese Entscheidung nicht getroffen hat und von Anfang an alles anders gemacht hätte. Möglicherweise. Das ist danach natürlich sehr leicht behauptet. Wenn wir nun also frei und verantwortlich sind, fällt diese bequeme Möglichkeit weg. Aus diesem Grund wird die Freiheit doch nur bedingt angestrebt und endet häufig in der Selbstsabotage.

Wir sind nicht perfekt und werden es auch nie sein. Wir dürfen uns unsere Fehler verzeihen, doch wir können weiter an der Verbesserung arbeiten. Wachstum und Entwicklung sind Prozesse, die unser Leben von Anfang bis Ende begleiten sollten. Wenn es einen höheren Auftrag für jeden Einzelnen von uns gibt, dann sollte es nur darum gehen, diese Welt ein Stückchen besser zu machen. Das ist meine tiefste innere Überzeugung.

Also lassen Sie uns endgültig Abschied nehmen von diesem oft so unüberlegt geäußerten »Verantwortung – was geht mich das an?« Sind Sie auf dieser Mission mit dabei?

IHRE MISSION VERANTWORTUNG

In welchen Aspekten Ihres privaten Lebens sagten Sie bisher »Was geht mich das an?« Vielleicht Ihre Gesundheit oder Ihre Fitness betreffend, Ihr Geld, Ihren Beruf oder auch in der Partnerschaft?
In welchen anderen Bereichen haben Sie bislang oft genau so gedacht und auch getan, sich nicht zuständig gefühlt? In den Bereichen Natur, Politik, der Gesellschaft als Ganzes?
Und vor allem: Wo wollen und können Sie Ihre bisherigen Denk- und Handlungsmuster ändern und endlich Verantwortung übernehmen?

Teil 1 –
Der Fluch der Verantwortung

3.
Überverantwortlich – das Leid der Welt auf den Schultern

Nichts ist verantwortungsloser, als Verantwortliche, die ihre Verantwortung anderen überantworten.

Hassan Mohsen, Gerontologe und Essayist

Nicht jeder Mensch übernimmt zu wenig Verantwortung. Einige laden sogar viel zu viel davon auf ihre Schultern. So viel, dass sie unter dieser Last zusammenbrechen und ihre eigene Lebensqualität massiv einschränken. Menschen, die auf diese Weise überverantwortlich agieren, sind nicht nur für sich selbst in gewisser Weise hinderlich, sondern auch für andere. Ein von überzogenem Verantwortungsbewusstsein getränkter Mitmensch im engeren Umfeld oder Familienkreis kann nämlich ziemlich anstrengend sein. Zeigt er uns doch so prägnant nervig auf, was er oder sie alles stemmen kann, alles an Lasten für andere übernimmt und wie unverantwortlich alle anderen im Vergleich dazu vermeintlich sind. Das ist jedoch der falsche Ansatz, wie ich meine. Bei der Verantwortung kommt es, wie bei so vielen Dingen, auf die Dosis an. Und auch auf den Zeitpunkt. Es gibt nun einmal Zeiten im Leben, in denen wir viel verantwortlicher handeln müssen als in anderen. Einer gewissen Grundverantwortung haben wir natürlich immer nachzukommen. Ich habe auf meinem Lebensweg immer wieder gemerkt, dass es Momente gibt, in denen besonders hohe Eigenverantwortung gefordert ist. Dann kommen wieder Phasen, in denen wir der Verantwortung, die von uns erwartet wird, leider gar nicht oder in Teilbereichen nicht nachkommen können. Wie Sie nun ja schon wissen, habe auch ich zu bestimmten Zeiten meines Lebens meine Verantwortung gegenüber mir selbst, meiner Familie und meinem Business teils stark vernachlässigt. In diesen Phasen hat meine Frau manchmal die gesamte Verantwortung auf ihren Schultern getragen. Sie hatte damals keine Wahl. Ich habe sie ihr einfach übergestülpt. Sie hat diese Verantwortung mit unglaublicher Kraft getragen. Wofür ich ihr immer dankbar sein werde. Es gibt also Verantwortungen, die bekommen wir einfach, sie wählen uns, nicht wir wählen sie. Und wir müssen sie dann annehmen! Einfach deswegen, weil gerade niemand anderes sie tragen kann. Es gibt aber auch Menschen, die richtig laut »hier« schreien, wenn es darum geht, sich zu engagieren, wenn es um die Verteilung von noch mehr Verantwortung geht. Sie rufen Ja, wenn sie auch Nein sagen könnten. Aus ganz vielschichtigen Gründen.

Eine interessante Begegnung am See

Was ich immer wieder feststellen konnte: Frauen sind prädestiniert dafür, in der Überverantwortung zu landen. Nicht selten können wir jenes Szenario beobachten, dass Mütter nach einigen Jahren des In-die-Aufgabe-Wachsens nicht nur die Verantwortung für ihre Kinder, sondern auch für ihr gesamtes Umfeld, einschließlich ihres Ehemanns, übernehmen wollen und es teilweise sogar tun. So erschreckend und unwirklich das Ergebnis auch erscheint, so einfach ist doch der Weg dorthin, denn die Damen der Schöpfung sind zweifellos viel mehr Verantwortlichkeiten ausgesetzt als die Herren.

Während meiner täglichen Spaziergänge am See in der Nähe meines Hauses fiel mir eine Dame anfangs etwas unangenehm auf. Wir begegneten uns mehrmals, und jedes Mal fragte sie mich, ob mein Hund der Hund namens Dark wäre. Dark, wie sich später herausstellte, war eine aggressive und bissige Bracke aus der Region. Mein Hund heißt Marley, und wir hatten diesen Dark noch nie getroffen. Ich verstand also nicht, warum diese Frau jedes Mal aufs Neue fragte und fand sie etwas wunderlich. So wurde sie in eine Schublade meines Denkens gesteckt, in die sie keineswegs gehörte, wie sich später zeigte. Eines Tages ging ich wieder einmal spazieren, und mein noch sehr junger Marley wurde von einem anderen Hund angegriffen und gebissen. Nicht dramatisch, aber es war doch sein erstes negatives Erlebnis mit einem Artgenossen. Der angreifende Hund war - richtig - Dark. Dieser war allerdings halb so hoch wie Marley, doppelt so dick, und umso weniger verstand ich ab diesem Zeitpunkt die Verwechslung.

Wochen vergingen. Immer noch traf ich diese Dame am See, und irgendwie wurde die Faszination, die von ihr ausging, größer. Eines Tages kam es zu einem ersten Small Talk, und von Treffen zu Treffen tauschten wir mehr Worte aus. Sie erzählte mir später einmal, dass ich bestimmt gedacht hätte, sie sei eine merkwürdige Alte, weil sie anfänglich immer wieder nach Dark fragte. Doch sie könne mittlerweile nicht mehr so gut sehen und hätte die Hunde aufgrund der ähnlichen Farbe nicht auseinanderhalten können. Und ihr eigener Hund sei furchtbar von Dark gebissen worden, sodass sie einfach überängstlich gewesen sei. Es wurde von einer Begegnung zur nächsten immer deutlicher, dass diese ältere Dame eine blitzgescheite Frau mit edelstem Humor und tiefsinnigsten Gedanken ist. Sie ist klug, blickt über den Tellerrand, nimmt sich dabei selbst nicht zu wichtig, ist immer für einen flotten Spruch und so manchen intelligenten Lacher zu haben. Wir gingen mit der Zeit zu intensiven und interessanten Gesprächen über und freuen uns beide sehr, wenn wir uns begegnen. An dieser Stelle möchte ich uns alle freundlich daran erinnern, dass uns unsere Voreingenommenheit manchmal um tolle Begegnungen bringen kann. Eines Tages erzählte ich ihr von der Entstehung dieses Buches, und sie fragte interessiert nach Thema und Titel. »Verantwortung«, murmelte sie und überlegte wie immer eine Weile, bevor sie leise fortfuhr »... ist doch nur etwas für Frauen. Männer kennen doch keine Verantwortung.«

Alle Verantwortung den Frauen – wirklich?

Ich war zuerst einmal kurz sprachlos. Dann geneigt, sofort vehement zu widersprechen, doch da ich die Dame aufgrund ihrer Lebensweisheit sehr schätze, hielt ich meinen Mund und überlegte erst einmal. Übernehmen Männer Verantwortung? Haben Männer Verantwortung? Und vor allem: Übernehmen oder haben sie insgesamt weniger Verantwortung als Frauen?

IHRE MISSION VERANTWORTUNG

Wie ist das bei Ihnen? Haben Sie mehr Verantwortung als Ihr Partner? Oder trägt Ihr Partner mehr Verantwortung als Sie selbst? Wie sieht es dazu in Ihrem Umfeld, der Familie und dem Freundeskreis aus? Ist Verantwortung dort vorrangig Frauen- oder Männersache?

Nachdem diese Dame ihre verbale Verantwortungsbombe bezüglich der Männerwelt geworfen hatte, trennten sich unsere Spazierwege an diesem Nachmittag. Tief in Gedanken ging ich mit Marley weiter am See entlang. Bei näherem Nachsinnen über diese Frage musste ich zugeben, dass die Dame nicht ganz Unrecht hatte. Nicht erst heute stehlen sich die Männer wesentlich schneller und leichter aus der Verantwortung. Denken wir an die kleinste Einheit der Gemeinschaft, die Familie. Ein Mann verlässt immer noch wesentlich häufiger die Frau mit den Kindern als umgekehrt. Dieses Szenario »Frau verlässt Familie« stellt trotz aller Emanzipation eine absolute Seltenheit dar. Kaum eine Frau würde ihre Kleinen alleine dem bisherigen Partner überlassen und einfach gehen. Viel zu sehr hat sie diese mütterliche Verantwortung innerlich angenommen und stellt gar nicht infrage, ihr gerecht zu werden. Der Mann hingegen weiß um diesen Umstand und ruht sich wohl auch gern ein bisschen darauf aus, denn sein eigenes Wohlergehen ist ihm zumeist wichtiger. Ich als Mann erlaube mir jetzt einmal, das so direkt auszudrücken – auch auf die Gefahr hin, dass unter meinen werten männlichen Lesern nun ein Sturm der Entrüstung ausbricht – weil ich absolut davon überzeugt bin, dass es den Tatsachen entspricht.

Ähnlich ist es in der Pflege. Müssen Großeltern, Mütter und Väter oder welche Angehörige auch immer gepflegt werden, sind die Pflegenden nahezu ausschließlich Frauen. Das ist wohl auch heute noch in den Köpfen ein absolutes Klischee, doch kann es nicht nur damit zusammenhängen. Um Kleinkinder in Kindergärten und sonstigen Kinder-Betreuungseinrichtungen und um die Alten der Gesellschaft haben sich die Frauen zu kümmern.

Und tun es auch. In dieser Hinsicht hat sich scheinbar seit der Steinzeit, als Frauen in den Höhlen zurückblieben und sich um die Familie kümmerten, über das Feuer und die Nahrung wachten, nicht wirklich viel geändert. Überzeugungen, die beide Geschlechter so tief in ihren Genen tragen, sind nun einmal nicht so leicht neu zu programmieren. Insofern ist dieser prägnante Hang zu erhöhter Verantwortungsübernahme allen wunderbaren Frauen dieser Welt wohl schon in die Wiege gelegt. Insgesamt gesehen ist das bei weitem kein leichtes Erbe.

Unternehmerische Verantwortlichkeiten

Auch im Bereich Unternehmertum sehe ich eine solche Tendenz. Frauen gründen zwar viel seltener ein Unternehmen, dafür agieren sie dann aber umso verantwortungsbewusster. Eher selten wird eine Frau die Finanzen nicht ordentlich planen, kalkulieren und managen. Sie wird weder Steuern noch Sozialversicherung oder Gehälter nicht zahlen können, und wenn ihr Unternehmen schließen müsste, würde es keine Leichen geben. Die Damen sind bei der Gründung vorsichtiger und weniger euphorisch, aber dafür umso verantwortungsbewusster mit sich und allen anderen. Wir sprechen hier von der Regel, nicht von der Ausnahme – und die Statistik gibt uns recht – es gibt bei den Damen nur halb so viele Pleiten wie bei den Männern. Wir Männer dürfen hier sicherlich einiges von unseren weiblichen Artgenossinnen lernen. Der negative Umkehrschluss daraus ist, dass die ganz großen, galoppierenden unternehmerischen Erfolge vielen dieser so verantwortlich agierenden Damen versperrt sein könnten. Weil sie – geprägt durch diese Überverantwortlichkeit – jene Risiken, die für außergewöhnliche unternehmerische Leistungen ab und zu notwendig sind, nicht oder nicht in vollem Ausmaß zu übernehmen bereit sind. So bleiben sie brave, verantwortliche Unternehmerinnen mit mittelmäßigen bis guten Erfolgen. Sie sehen, diese Art der Überverantwortung hat nicht immer nur positive oder erfolgsbringende Auswirkungen. Verstehen Sie mich bitte nicht falsch, liebe Damen, ich will Sie keineswegs zu unvorsichtigem unternehmerischen Tun anstiften. Aber vielleicht möchten Sie einmal darüber nachdenken, in welchem Verantwortungsausmaß Sie unterwegs sind. Könnte es zu hoch sein und Sie langfristig von Ihren ganz großen Triumphen abhalten?

Vereinbarungen treffe ich nur noch mit Ihrer Frau

Meine Frau war immer diejenige, die sich uneigennützig um das komplette Management der Familie inklusive des undankbaren Haushalts gekümmert hat und mich die Lorbeeren einheimsen ließ. Doch es gab nicht immer nur Lorbeeren, wir hatten auch genug schlechte Zeiten. Immer dann wurde sehr deutlich, wer die Sachen mit den Finanzen besser im Griff hatte. Ich kannte das schon von meiner Mutter, die nur eine klitzekleine Rente als ihr Taschengeld auf ihrem Konto verbuchte und doch davon so viele Zahlungen vornahm, dass wir es »Gummikonto« tauften, weil es schier unerschöpflich schien. Meine Frau hatte auch so ein Gummikonto. Ich weiß bis heute nicht, wie sie es macht, aber sie ist so sorgfältig, dass es nie zu einer ungeplanten Überziehung oder gar einer Rücklastschrift kommt. Ein prägnantes Beispiel dafür ist eine Gerichtsvollzieherin, bei der ich in schlechten Zeiten ein- und ausging. Eigentlich ging sie bei uns ein und aus, aber ich versuchte immer, die Treffen in ihr Büro zu verlagern, um das Drama daheim zu vermeiden. Dabei machte ich leider gelegentlich Versprechungen, die ich nicht einhielt und so kam es, dass ich eines Tages wieder einmal Geld bei ihr vorbeibrachte. Ich übergab ihr das Geld und teilte ihr den nächsten Termin und den Betrag mit, den ich vermutlich zahlen könne. Sie lächelte und sagte: »Lieber Herr Kiesewetter, ich weiß, bei ihnen bekomme ich immer größere Beträge, aber Vereinbarungen treffe ich nur noch mit Ihrer Frau.« Autsch! Das saß. Ich war geschockt, denn ganz eindeutig meinte sie es ernst! »Da bekomme ich zwar weniger, aber darauf kann ich mich immer verlassen.« Ich habe diesen Ausspruch nie vergessen und mir zu Herzen genommen. Heute beherrsche ich unsere Finanzen besser denn je und habe mich auch in dieser Hinsicht meiner

Verantwortung gestellt. Dennoch denke ich, im Zweifel hätte meine Frau vermutlich immer noch die Nase vorn.

Geschlechterabhängige Verantwortungsübernahme

Nun haben wir den Unterschied der geschlechterspezifischen Verantwortungsübernahme bei der Familie und bei den Finanzen etabliert, doch es geht noch weiter. Mehr Männer als Frauen rauchen und konsumieren häufiger Alkohol. Frauen ernähren sich erwiesenermaßen gesundheitsbewusster. Männer haben eine höhere Unfallhäufigkeit und Frauen nehmen häufiger Früherkennungsuntersuchungen in Anspruch. Insgesamt darf festgestellt werden, dass Frauen deutlich mehr Verantwortung für Ihre Gesundheit übernehmen als Männer.

Diese gedanklichen Ausflüge sollten reichen, um den doch recht krassen Ausspruch meiner älteren Dame vom See nachzuvollziehen. Durch Ihre Aussage hat sie mich bei meiner männlich-verantwortlichen Ehre gepackt. Seit diesem Gespräch versuche ich, noch mehr als schon bisher, ein gutes Beispiel in puncto Verantwortung zu sein.

Überverantwortung macht weder glücklich noch frei

Lassen Sie uns zurückkehren zur Überverantwortlichkeit, von der wir nun wissen, dass sie in einem hohen Ausmaß Frauen betrifft. Aber natürlich gibt es ebenfalls – wenn auch in einem geringeren Ausmaß – überverantwortliche Männer. Wichtig dabei ist, wer auch immer zu viel Verantwortung übernimmt, ist damit im Leben keinen Schritt weiter, erfolgreicher, reicher oder glücklicher. Davon bin ich absolut überzeugt. Ich gehe sogar so weit, zu behaupten, dass eine übertriebene Form der Verantwortungsübernahme langfristig krank und unglücklich macht. Denn sie lässt keinerlei Spielraum für Vergnügen und Nachsicht und schafft eine nicht zu erfüllende Erwartungshaltung, bei der Misserfolge garantiert sind und sukzessive alle Freuden des Lebens verloren gehen können.

Es treten dabei sehr unterschiedliche Formen der Überverantwortung auf:

Typus »Ich bin für alles und noch mehr verantwortlich«

Manche Menschen machen sich für wirklich alles verantwortlich. Sie sind fit und ernähren sich gesund, haben ihre Finanzen im Griff, geben im Job ihr Bestes und teilen sich ihre Zeit perfekt ein. Sie pflegen ihre Freundschaften, kümmern sich um die Familie und engagieren sich nebenbei noch hingebungsvoll für andere. Sie wissen um ihren Einfluss sowie ihre Möglichkeiten und gehen hart mit sich ins Gericht. Sie geben auch niemand anderem die Schuld, wenn einmal etwas nicht klappt. Sie sind bereit, Verantwortung zu übernehmen. Außerdem sind sie sich der Wichtigkeit des Beitrages jedes Einzelnen bewusst und finden deswegen immer mehr Aufgaben, die sie übernehmen. Nein sagen können sie schon deshalb nicht, weil ihnen diese Aufgaben und Themen zu sehr am Herzen liegen.

Angefangen bei der Elternvertreterschaft, über die Gemeindearbeit, den Kirchenrat, die freiwillige Feuerwehr, die Bezirkspolitik, bis zur ehrenamtlichen Hilfe in Kinderheimen, Frauenhäusern, Obdachlosenhilfen, Flüchtlingsunterkünften, Seniorenheimen, Tierschutzvereinigungen und Umweltorganisationen warten allerdings so viele Aufgaben auf sie, dass sie niemals alle wahrnehmen können. Selbst wenn ihnen das noch halbwegs gelingen würde, sind sie als überverantwortlicher Mensch auch noch tief betroffen von den Geschehnissen in aller Welt. Die Politik der USA, die Vorgehensweise Putins, die Angst vor Nordkorea, Europas Zusammenhalt, Atomkraftunfälle in Japan, Krieg, Ungerechtigkeit und Armut zum Beispiel in Syrien, die neue Bedeutung Asiens, die Ausbeutung Afrikas – es gibt Unmengen an Herausforderungen auf unserem Planeten neben Erderwärmung, Klimakatastrophe, digitaler Revolution und der Gefährdung des Finanzsystems. Diese Aufzählung ist nur ein Abriss einiger Dinge – und selbst da bleibt keine Zeit zum Luft holen, und schon gar kein Platz für die Befriedigung eigener Bedürfnisse. Wir werden mit den Nachrichten aus aller Welt konfrontiert und was einmal als Aufklärung begann, ist längst zur Unterhaltung, meist unterster Kategorie und manchmal auch übelster Beeinflussung, geworden. Unser Gehirn kann diese ganzen Einflüsse gar nicht ordentlich verarbeiten und speichert dennoch alles. Wir sind vollgestopft mit negativen Informationen und wundern uns über schlechte Gefühle. Wir können nicht alle Probleme lösen, auch wenn wir es gerne täten. Es ist nicht möglich oder ratsam, als einzelner Mensch das Leid der Welt auf den Schultern zu tragen. Ich bitte Sie in diesem Zusammenhang, den Titel *Mission Verantwortung* richtig zu verstehen:

Sie können Ihrer Verantwortung nur dann gerecht werden, wenn Sie auch die Verantwortung dafür übernehmen, nicht für alles die Verantwortung übernehmen zu können.

Lassen Sie diese Aussage ganz intensiv auf sich wirken. Zeigt sie doch ein diffiziles Dilemma auf. Ein ganz besonderes Problem!

Und nein, ich will das Wort Problem nicht freundlich als Herausforderung verkleiden. Und bitte auch nicht damit ummanteln, dass ein Problem ja positiv sei, weil *Pro*blem, also pro, positiv, und damit *für* uns gemacht ist, sonst müsste es ja *Anti*blem heißen. Unsere Sprache ist ganz sicher sehr mächtig, sollte aber in ihrer Auslegung nicht überstrapaziert werden. Frei nach *Wikipedia* ist ein Problem eine Aufgabe, deren Lösung mit Schwierigkeiten verbunden ist. Ein Problem ist also eine zu lösende Aufgabe. Dann lassen Sie uns auf die Aufgabe und die Lösung konzentrieren, denn das ist der Kern.

Es ist also ein besonderes Problem für die oben beschriebene Gattung Mensch, die alles verantworten möchte und dies auch noch unermüdlich versucht. Menschen, die so ticken, schaffen zwar immens viel und auch sehr lange, aber werden über kurz oder lang wahnsinnig vor lauter Aufgaben und Arbeit. Sie fühlen sich für alles, alles zuständig. Sie übernehmen sozusagen auch Verantwortung für jene Ergebnisse, die sie gar nicht in der Hand haben. Sie übernehmen die Verantwortung nämlich auch dann, wenn es übertrieben oder überhaupt nicht angebracht ist. Manche Mütter und Väter fühlen sich verantwortlich für die Taten ihrer Kinder, was immer es ist, auch wenn ihr Kind schon lange erwachsen ist. Sie geben ihrer Erziehung die Schuld an Dingen, auf die sie schon lange keinen Einfluss mehr haben oder noch nie hatten. Der elterliche Einfluss wird von dieser Gruppe häufig genauso überschätzt, wie er von anderen zu wenig genutzt und geachtet wird.

Gleiches finden wir in Unternehmen und zwar nicht nur bei Führungskräften. Oft sind es sogar die kleinen, fleißigen Arbeitsbienen, die sich nicht nur unentbehrlich machen, sondern auch die Aufgaben und Pflichten ihrer Kollegen und Führungskräfte zusätzlich übernehmen. Wir kennen alle solche Menschen, sie schmeißen den ganzen Betrieb, und ohne sie läuft irgendwann tatsächlich nichts mehr. Jede Firma erfreut sich zuerst an solch einem Mitarbeiter, nutzt ihn dann aber bald gewollt oder ungewollt aus. Oft wird auch zu wenig Personal eingestellt, weil diese Vorzeigeangestellten ja sowieso alles alleine schaffen. Man stülpt in Unternehmen diesen Überverantwortlichen sehr oft mehr und mehr an Aufgaben über. Und die nehmen sie freudig an, um ihrem verantwortungsvollen Ruf ein weiteres Mal gerecht zu werden. Ein Teufelskreis, der nur solange gut gehen kann, bis der totale Zusammenbruch erfolgt. Denn diese Mitarbeiter bleiben natürlich niemals wegen eines Schnupfens Zuhause, aber leider auch nicht mit vierzig Grad Fieber. Sie rackern einfach weiter. Problematisch ist es allerdings nicht nur für die Unternehmen, wenn diese Mitarbeiter dann entgegen aller Gewohnheiten doch einmal ausfallen, sondern vor allem für sie selbst. Denn sie machen sich über lange Zeiten nicht nur verrückt und leiden emotional, sondern sie opfern sich häufig auch körperlich so auf, dass ihr Zusammenbruch nicht mit ein bis zwei Wochen Ruhe geheilt ist.

Typus »Ich bin für alles verantwortlich, außer für mich selbst«

Es gibt Menschen, die zwar im Außen für andere die Verantwortung übernehmen, aber sich selbst dabei ausklammern. Sie engagieren sich für den Partner, springen für Kollegen ein, sind stets auf der Seite der Schwachen und stützen die Hilfsbedürftigen. Für sich selbst sind sie nicht da. Entweder erleiden Sie ebenfalls einen Zusammenbruch – und der kommt bei ihnen schneller als bei der ersten Kategorie – weil sie sich nicht so sorgsam um sich selbst gekümmert haben, oder sie leben eine irrsinnige Unzufriedenheit, ebenfalls der mangelnden Fürsorge für ihre eignen Bedürfnisse geschuldet. Sie fallen dann auf vielen Ebenen als Helfer aus und können der übernommenen Verantwortung nicht mehr gerecht werden.

Typus »Über Verantwortung reden ist leicht«

Andere Menschen wiederum reden nur über Verantwortung. Sie sprechen ständig davon, was *man* denn alles machen müsste, sollte und könnte. Wenn sie allerdings gefragt werden, was genau sie davon umsetzen oder schon umgesetzt haben, dann dreht sich das Ausredenkarussell. Diese Menschen finden dann tausendundein Gründe, warum jeder andere es kann, aber sie leider, leider halt nicht.

Nehmen wir als Beispiel die Staatsverschuldung Deutschlands. Hier werden sie eine Menge kluger Ratgeber finden, die Ihnen erklären, wie das doch so einfach zu ändern wäre. Wenn wir keine riesigen Schuldenberge mehr hätten, dann würde es jedem einzelnen Bürger besser gehen, man könnte die Steuerlasten senken und so weiter, zum Beispiel. Alles ganz einfach.

Wenn Sie einem solchen Typus der Verantwortungsredner die Frage stellen, warum er diese genialen Ideen nicht umsetzt, bekommen Sie als Antwort, auf ihn würde ja niemand hören, und er sei schließlich nicht in der Politik. Bei weiterem Hinterfragen erklärt er, warum er nicht in die Politik gehen konnte und sowieso keine Chance hatte. Auf das Warum würden Sie hier mit Sicherheit entweder keine Antwort mehr oder weitere Ausflüchte bekommen. Die Menschen sind schnell bei der Beurteilung einer fremden

Angelegenheit und manchmal noch schneller bei der Lösung eines fremden Problems. Leider fehlt oft der grundlegende Sachverstand, und die volle Komplexität der Vorgänge kann noch viel seltener überblickt werden.

Was mir immer wieder auffällt: Diese Verantwortungsschwafler haben meist nicht einmal die Kontrolle über ihr eigenes Leben. Wie soll ein Mensch für einen anderen oder eine Sache die Verantwortung übernehmen, wenn er es für sich selbst nicht tut? Wie will ich anderen helfen, wenn ich es selbst nicht für mich umsetzen kann? Das ist utopisch und somit vollkommen zu vergessen. Wie kann ein schlechter Finanzbuchhalter einem anderen beibringen, wie man es richtig macht? Wie kann jemand, dem sein Essensverhalten egal ist, einem anderen etwas über verantwortungsvolle Ernährung nahebringen? Wie kann ein mittelloser Mann einem anderen zeigen, was mit Reichtum verbunden ist, wenn er doch nur die arme Seite kennt?

Mir sind in meinem Leben viele Menschen begegnet, die mir genau sagen konnten, was geht und was nicht geht. Nicht selten konnten sie auch genau erläutern, warum das zum Scheitern verurteilt wäre oder jenes ganz einfach funktionieren könnte. Glücklicherweise habe ich schon sehr früh gelernt, mir die Leute, die mich umgeben, etwas genauer anzuschauen. Oft musste ich leider feststellen, dass die meisten wie der Blinde von der Farbe sprachen. Ich will damit nicht sagen, dass sie deshalb schlechtere Menschen sind. Aber sie waren eben keine Kenner der jeweiligen Materie, sondern bestenfalls nette Unterhalter. Und wer sich nicht wirklich auskennt und nicht ausreichend tief in eine bestimmte Materie eingetaucht ist, der kann nun einmal nicht verantwortlich darüber sprechen, geschweige denn agieren.

Typus »Hilfe, ich gehe unter ...«

Nun wollen wir uns noch eine völlig andere Persönlichkeit inmitten der Verantwortungstypen ansehen. Es sind jene Menschen, die schon beim Hören und Sehen der vielen möglichen Verantwortungen kaum noch Luft bekommen. Sie sehen diese Vielzahl an potenziellen Verpflichtungen und bekommen solche Angst vor der Überforderung, dass sie zum Handeln nicht mehr fähig sind. Sie erleiden nicht wirklich eine Überforderung, weil sie sich keiner einzigen Sache stellen, aber sie sind dennoch überfordert. Dieses Muster kennen wir aus den verschiedensten Bereichen.

Ein tolles Beispiel dafür ist der Raucher. Sollten Sie noch Raucher sein, so wünsche ich Ihnen eine schnelle Befreiung von Ihrer Sucht. Dabei geht es mir nicht nur um Ihre gesundheitliche Verbesserung, die alleine schon Grund genug wäre, und es geht mir auch nicht um Ihre Verantwortungslosigkeit in Sachen Krankheitskosten gegenüber der Gemeinschaft. Es geht mir vor allem um diese üble Rolle des Opferseins. Diese Abhängigkeit, die uns willenlos macht und bei Minusgraden vor die Tür gehen lässt. Diese Sucht, die uns bei zwanzig Zigaretten pro Tag mit Vor- und Nachbereitung locker zweihundert Minuten, also gute drei Stunden am Tag stiehlt. Diese Abhängigkeit, die uns nachts nicht einschlafen lässt, wenn keine Zigaretten mehr im Hause sind und uns jeden Tag trotz knapper Kasse unendlich viel Geld aus der Tasche zieht. Ich habe früher auch geraucht und hatte manchmal keine Puseratze mehr in der Tasche, aber Rauchzeug habe ich immer irgendwie gekauft. Damals war mein eigenes Verantwortungsgefühl aber auch noch eher im Keller.

Aber zurück zum Thema: Wenn Sie einem Raucher verschiedene Dinge auftragen und ihn in die Überforderung bringen, bieten Sie ihm dann doch zusätzlich noch an, mit dem Rauchen aufzuhören. Sie werden je nach Reizzustand entweder zu hören bekommen »was soll ich denn noch alles machen« oder »das geht im Moment gar nicht, da habe ich jetzt gar keine Nerven für, und ich muss erst einmal dies und jenes erledigen«. Das Ergebnis der Überforderung mit zu vielen Aufgaben löst beim Raucher meist die Reaktion aus, zuerst einmal eine zu rauchen und sonst nichts zu tun.

Nun haben wir uns die verschiedensten Muster der Verantwortungsübernahme angesehen. Ich bin fest davon überzeugt: Wir müssen uns vor der Überverantwortung hüten, egal in welcher Form! Sie erzeugt Misserfolg und

Frustration. Sie entsteht immer aus dem Irrglauben, dass Verantwortung gleichbedeutend mit Pflicht ist. Pflichten werden in den meisten Köpfen mit Aktion und Handlungen verbunden. Dem ist aber nicht zwingend so. Denn Verantwortung zu übernehmen, besteht zwar häufig auch aus der Erledigung von Pflichten, doch ist sie keineswegs mit diesen gleichzusetzen. Noch einmal darf ich Sie an meine Definition erinnern: ver-antworten! Eine Antwort bekommen wir auch ohne Tun! Gelegentlich ist es sinnvoller, die Dinge laufen zu lassen und sie bloß verantwortungsvoll zu beobachten. In der Kindererziehung zum Beispiel wird mit ständigem Tun mehr Schaden als Nutzen angerichtet, bei der Führung von Mitarbeitern ist es ähnlich. Einer übernommenen Verantwortung nachzukommen und diese im wahrsten Sinne des Wortes ver-antwortlich zu leben, kann sehr viele Facetten haben. Die Facette, vor lauter Verantwortung handlungs- und denkunfähig zusammenzubrechen, gehört sicher nicht dazu!

IHRE MISSION VERANTWORTUNG

Welcher Typ sind Sie, wenn Sie zur Überverantwortung neigen? In welcher Hinsicht übernehmen Sie zu viel Verantwortung beziehungsweise fühlen sich immer für alles verantwortlich? Überlegen Sie, in welchen Bereichen – beruflich wie privat – Sie Teile Ihrer momentanen Verantwortung abgeben oder zukünftig direkt ablehnen könnten?

4.
Verpflichtungen – warum wir sie übernehmen müssen

Seine Pflicht erkennen und tun, das ist die Hauptsache.

Friedrich II., der Große, auch »Der alte Fritz« genannt, (1712–1786)

Was den alten Fritz vor langer Zeit zu dieser Aussage getrieben hat, wissen wir nicht. Auf jeden Fall sollten wir aber begreifen, dass Pflichten nichts Übles sind. Wenn wir nämlich bedenken, dass nur durch sie Wünsche und Ziele realisierbar sind, dann können wir die Pflichten aus einem anderen Blickwinkel betrachten. Pflichten erscheinen in neuem Glanz, wenn wir erkennen, dass nahezu alle Dinge im Leben nur in Ausübung einer Aneinanderreihung diverser Pflichtübungen erreicht werden. Selbst die so erstrebenswerten Faktoren Sicherheit und Freiheit sind nur unter Übernahme von diversen Verpflichtungen und niemals ohne diese erreichbar.

Verpflichtungen erkennen

Um unsere eigene Pflicht oder Verpflichtung überhaupt erst einmal wahrzunehmen, gibt es zwei Kriterien zu beachten. Wir müssen erstens die Pflicht an sich als solche erkennen und zweitens anerkennen, dass wir sie persönlich zu übernehmen haben. Es gibt sicher für jeden von uns eine Reihe von Dingen, die wir einfach nicht mögen, weil wir sie uns nicht selbst auferlegt haben. Dabei geht es meist um die Regeln der Gesellschaft. Eine Gemeinschaft erfordert nun einmal feste Regeln, damit wir Menschen friedlich und geordnet miteinander leben können. Umso größer die Gemeinschaft, desto komplexer werden die Regularien, das ist nun einmal so.

Wir tragen wohl alle – manche mehr, manche weniger – einen kleinen Punk in uns – den Anarchisten, der auf Regeln pfeift und den unbeugsamen Revoluzzer, der sich gegen scheinbar überholte Normen auflehnt. Wir wollen unser Leben selbst bestimmen!

Ein Stufensystem an Pflichten

Bei den meisten von uns wird dieser punkige Anteil im Laufe des Lebens immer kleiner, denn wir kommen mit der Altersweisheit nicht umhin, zu erkennen, dass das Gemeinwohl über dem Wohl des einzelnen Individuums stehen muss. Vielleicht ist es auch eine notwendige Kraft der Jugend, sich zumindest teilweise gegen bestehende Regularien aufzulehnen, denn wie sonst wäre eine Entwicklung der Menschheit überhaupt möglich. Fangen wir mit einem ganz trivialen Beispiel an: Wenn ich meinen Hunger stillen will, muss ich etwas essen. Das ist eine Pflicht, an der ich nicht vorbeikomme. Ich werde den Anspruch meines Körpers nicht anders erfüllen können. Sicher, wir können ihn eine Weile überlisten, aber das ist nur ein Aufschub. Das eigentliche Bedürfnis können Sie nur befriedigen, indem Sie ihm Nahrung geben. Nun können Sie sich dagegen auflehnen und protestieren, Sie können neue Theorien, wie zum Beispiel den Einsatz von bloßer Lichtnahrung, entwickeln und Thesen aufstellen, am Ende werden Sie an der Pflicht »Nahrungsaufnahme« nicht vorbeikommen. Wenn Sie überleben wollen, wovon ich stark ausgehe.

Es gibt Hunderte weitere Pflichten, die wir einfach erfüllen müssen. Beim Essen, Trinken, Schlafen oder Atmen kämen wir gar nicht auf die Idee, diesen täglichen Auflagen nicht nachzukommen, wir tun es einfach. Doch bereits bei der Kleidung gibt es einen ersten Widerspruch. Gerade junge Mädchen trotzen manchmal der eigentlichen Bedeutung der Kleidung, nämlich dem Schutz vor Kälte und Witterung und laufen auch bei Schneeregen und minus zwei Grad Celsius mit freier Hüfte und nackten Beinen auf der Straße herum. Unsere Pflichten sind breit und vielfältig. Wir müssen uns die Zähne putzen, unseren Haushalt in Ordnung halten, saubere Sachen haben, Geld verdienen, Miete bezahlen, zur Arbeit gehen, pünktlich sein und vieles mehr. Nun werden Sie vielleicht einwerfen, dass wir dies ja gar nicht müssen, und damit haben Sie natürlich recht. Doch andererseits müssen wir diese Dinge eben doch tun, zumindest, wenn wir das Gegenstück erfüllt haben möchten. Der freudvolle Umgang mit anderen Menschen wird deutlich eingeschränkt sein, wenn Sie mit dreckigen Klamotten und aus dem Mund riechend unterwegs sind.

Finanzielle Freiheiten unterschiedlicher Natur

Gehen wir noch ein paar Stufen weiter. Wenn Sie finanziell wirklich frei sein wollen, müssen Sie ohne Arbeit mindestens so viel Geld einnehmen, wie Sie benötigen, um Ihre Bedürfnisse zu befriedigen. Um dorthin zu gelangen, müssen Sie in der Regel im Vorfeld mehr Geld einnehmen als ausgeben und die Differenz anlegen und für sich arbeiten lassen. Ganz pragmatisch ist dies mit zahlreichen Pflichten verbunden.

Ich habe einen sehr guten Freund, der seine finanzielle Freiheit mit zehn Millionen Euro Privatvermögen beziffert. Er geht davon aus, dass er bei Kapitaleinkünften von sechs Prozent, die er seiner Meinung nach stressfrei erzielen kann, monatliche Einkünfte von fünfzigtausend Euro erzielt, ohne das Kapital anzugreifen. Dies bedeutet für ihn nicht nur etwa dreißigtausend Euro netto pro Monat, sondern ein Leben in Sicherheit und absoluter Freiheit sowie die Gewissheit, dass seine Nachkommen ihren Talenten und Neigungen ohne die Pflicht des Geldverdienens nachkommen können. Diese absolute Freiheit ist jedoch nur für ihn so zu beziffern, denn er weiß genau, was er will und was er nicht braucht. Er braucht keine Villensammlung und will keinen Jet, liebt aber schon den Komfort und Luxus. Für einen anderen Freund, der einen eigenen Hofstaat, mit Bediensteten in allen Bereichen, als seine Zielstellung nennt, wäre diese Zahl viel zu klein. Er bräuchte eher Summen ab hundert Millionen aufwärts. Wieder für einen anderen Freund gestaltet sich dies als absoluter Irrsinn, denn er sieht seine Freiheit bei etwa tausend Euro monatlich, mit denen er in einem fernen Land seiner Wahl nach seinen Vorstellungen sehr gut zurechtkommt. Es geht hier also nicht um die Summen und auch nicht um die Beurteilung der Ansichten und Lebenseinstellungen, denn dies kann jeder für sich so handhaben, wie er oder sie es möchte. Es geht nur darum, dass die Erreichung ihrer Ziele für jeden der drei Freunde mit zahlreichen Verpflichtungen verbunden ist. Als erstes hatten alle die Pflicht, sich überhaupt erst einmal Gedanken darüber zu machen, was genau sie wollen. Sie mussten Klarheit entwickeln, um auch zu definieren, warum sie das wollen und ob es langfristig wirklich lohnenswert für sie ist.

Die spezifischen Aufgaben dieser Männer und deren Größenordnungen unterscheiden sich eklatant. Der große gemeinsame Faktor ist: Sie müssen alle etwas dafür tun. Sie müssen auch alle eine Art Haushaltsplan haben und ihre Zahlen genau kennen. Sie müssen nicht nur wissen, wo sie stehen, sondern auch entsprechend ihrer jeweiligen Verhältnisse Pläne schmieden, Strategien entwickeln und Werkzeuge einsetzen, die sie zu ihren Zielen bringen. Vielen Menschen ist es aber leider in unserer heutigen Gesellschaft tatsächlich schon zu viel Aufwand, zu denken, zu planen und die Ausgaben zu erfassen. Doch wer schon zu bequem ist, sich Gedanken zu machen, was er eigentlich wirklich will oder zu faul ist, ein Budget zu erstellen und dieses zu kontrollieren und bei Bedarf anzupassen, darf sich über sein finanzielles Desaster nicht beschweren. Und braucht schon gar nicht von finanzieller Freiheit zu träumen.

Auf dem Weg zu unserem großen Ziel – wie immer es aussehen mag – gibt es mit Sicherheit tausende von kleinen und großen Pflichten zu erledigen, um unsere Vorhaben erfolgreich umzusetzen. Diese Pflichten müssen wir einfach erfüllen, wenn wir den gewünschten Erfolg tatsächlich erleben wollen.

Welches Gewicht haben wir?

Wir bestimmen im Leben nicht alles allein. Wir sollten uns auch nicht immer so wichtig nehmen. Wir sind zwar der Mittelpunkt unseres eigenen Daseins und sollten uns gut um uns kümmern, doch das Leben besteht aus so viel mehr als uns selbst. Nüchtern betrachtet sind wir ein sehr kleiner

Teil des großen Ganzen. Innerhalb der Familie sind wir noch ganz schön gewichtig, doch schon im weiten Freundes- und Bekanntenkreis ändern sich die Relationen. Natürlich wird man uns ein bisschen vermissen, sollten wir uns von der Bühne des Lebens verabschieden, doch die Erde wird sich weiterdrehen. Sie hält nicht einmal zehn Sekunden inne, wenn wir, der Nabel unserer Welt, sterben. Das Leben der anderen geht auch weiter. Etwas breiter gedehnt sind wir für unsere Gemeinden und Städte oft kaum zu bemerken und auf Länderebene erst recht nicht. In Europa oder dem Rest der Welt, fallen wir schon nicht mehr ins Gewicht. Dieser Planet beherbergt derzeit etwa 7,5 Milliarden Menschen, Berücksichtigen wir alle anderen Lebewesen, sind wir völlig bedeutungslos. Ganz zu schweigen von der Vorstellung, etwas Abstand von unserer kleinen Erde zu nehmen und in die nähere Umgebung abzutauchen. Bereits die im Universum nur winzig kleine Milchstraße bietet uns mit einem Durchmesser von mehr als hunderttausend Lichtjahren eine reelle Einschätzung der Wichtigkeit unserer eigenen Person. Wenn nicht einmal unser blauer Planet zwischen hundert Milliarden anderen Sternen eine große Rolle spielt, wer sind dann bitteschön wir? Dieser gedankliche Ausflug ist meines Erachtens immer dann hilfreich, wenn wir uns mal wieder dem Größenwahn widmen und meinen, alles drehe sich nur um uns.

Verstehen Sie mich bitte richtig, ich will Sie nicht etwa dazu einladen, sich klein und machtlos zu fühlen. Ich vergleiche das gern mit den Ameisen, die einzeln kaum zu bemerken sind. Doch gemeinsam, perfekt strukturiert und organisiert, ihrer Größe entsprechend, extrem wirksam durch ihr Ameisenleben gehen. Und so dürfen wir uns bewusst sein, dass es um sehr viel mehr geht, als nur um uns selbst. Wie wir den Nutzen aus der Entwicklung vorangegangener Epochen haben, tragen wir auch Pflichten aus der Vergangenheit, die Verantwortung unserer Gesellschaft. Wir sind verantwortlich für unsere Kinder und sind Vorbilder für alle nächsten Generationen. Unser Leben isoliert zu betrachten, wäre nicht nur zu klein gedacht, sondern auch traurig – sind wir doch so viel mehr in der Gemeinschaft. Es ist unsere Pflicht, dieser Verantwortung gerecht zu werden und nach besten Möglichkeiten auch für andere und anderes da zu sein. Es liegt in unseren Händen, ob wir die Welt besser verlassen, als wir sie betreten haben. Es gibt so viele Herausforderungen zu bewältigen, dass wir auf die Stärke jedes einzelnen Menschen angewiesen sind.

Bitte sehen Sie deshalb auch Ihre eigene Größe und bringen Sie sich ein, wo immer es Ihnen wichtig und sinnvoll erscheint. Hunger, Kriege und Terror in Teilen unserer Erde verlangen genauso nach dem Einsatz starker Persönlichkeiten wie Krankheiten, Armut und unzählige weitere Ungerechtigkeiten. Andere Menschen brauchen unsere Hilfe. Stets größer werdende Probleme durch den menschlichen Eingriff in die Natur, Klimaveränderungen, aussterbende Tier- und Pflanzenarten und vieles mehr rufen nach unserer kollektiven Unterstützung. Sind Sie vielleicht ein Mensch, der seine Stärke noch gar nicht in vollem Umfang wahrgenommen hat und seine Kräfte erst entdecken darf? Diese Gesellschaft, diese Gemeinschaften und diese Erde werden nicht weiter existieren, wenn es keine Menschen gibt, die diese Verantwortung erkennen und Veränderungen einleiten und vorantreiben. Wir tragen das Erbe unserer Ahnen und sind gleichzeitig die Ahnen für unsere Kinder und die nächsten Generationen. Das Erbe der Ahnen, das wir übernehmen müssen. Wir tragen die Verantwortung für unsere Welt. Die Welt braucht uns!

Der Weg zum Glück – Kür oder Pflicht?

Was wollen wir denn eigentlich erreichen im Leben? Richtig, wir wollen glücklich sein! Unser ganzes Bestreben dient diesem einen Ziel, endlich so richtig glücklich zu sein. Wir sind heute in unserer westlichen Welt längst über den Punkt hinaus, wo wir uns ernsthaft Sorgen um unsere Grundbedürfnisse machen müssen: Unsere physiologischen Bedürfnisse und unsere Sicherheitsbedürfnisse sind heute gleichermaßen erfüllt. Wir bekommen Luft, können schlafen, unseren Hunger und Durst stillen, haben ein Dach über dem Kopf und müssen uns Gott sei Dank auch grundsätzlich nicht vor Angriffen oder Gewalt fürchten. Bei allen Bedürfnissen darüber hinaus, den sozialen Verbindungen, der Anerkennung und der Selbstverwirklichung, geht es im Grunde genommen nur um unser Bestreben, Glück für uns selbst zu erfahren. Wir wollen glücklich sein, indem wir tolle Leute kennenlernen, mit großartigen Menschen befreundet sind und den idealen Partner haben. Wir möchten Glücksgefühle durch Lob und Anerkennung erfahren, und wir wollen uns selbst glücklich machen, indem wir uns unsere Wünsche erfüllen. Die Bandbreite reicht dabei von einem Stückchen Schokolade über modische Kleidung, über Bewegungsdrang und Abenteuerlust bis hin zum Traumauto. Wir nehmen diese ständige Glückssuche nicht ständig wahr – aber sie findet definitiv statt. Wir sind uns also nicht darüber bewusst, dass es uns neben der Befriedigung der Grundbedürfnisse immer darum geht, uns selbst glücklich zu machen!

Verpflichtungen neu betrachtet

Haben wir den Zusammenhang zwischen erreichbarem Glück im Leben und der Übernahme von Verpflichtungen beziehungsweise dem Verrichten von Pflichten erst einmal begriffen, ergeben sich völlig neue Denkwege. Wenn wir diese Erkenntnis verinnerlicht haben, ist völlig klar, dass es im Grunde immer um die Erledigung von Pflichten geht. Plötzlich ist es logisch, Pflichten nicht nur nachkommen zu müssen, sondern sie erfüllen zu können, ja sogar erfüllen zu dürfen. Und wenn wir so positiv über sie denken, dann können wir auch eine ganz neue Freude an der Pflichterfüllung entwickeln. Weil wir unser Denken und unsere Emotionen dazu geändert haben und nun pure Lust bei der Erledigung unserer Pflichten empfinden! Was zuerst schwer und drückend war, fühlt sich nun leichter und schwereloser an. Können Sie sich vorstellen, welche neuen Kräfte dabei freigesetzt werden? Wir empfinden nicht nur unsere eigentliche Arbeit als angenehmer und flüssiger von der Hand gehend, sondern auch alle bisher so lästigen Vor- und Nacharbeiten zu unseren Aufgaben. Zudem steigen die Qualität und Quantität, weil eine Arbeit, die Spaß macht, einfach besser ausgeführt wird. Die Änderung und Verbesserung unserer Sicht macht also nicht nur mehr Spaß und damit glücklicher, sondern bringt auch bessere Ergebnisse. Und bessere Ergebnisse machen uns – richtig – ebenfalls glücklicher!

Pflichten – besser als ihr Ruf?

Ich finde, heute haben Pflichten eine viel zu schlechte Reputation. Das war nicht immer so. Denken wir an unsere (Ur-)Großmütter und -väter, teils auch noch an unsere Mütter und Väter. Haben Sie bei diesen Generationen jemals eine Ablehnung von Pflichten erlebt? Haben Sie je von Oma gehört, dass sie ihre Arbeit, die Kindererziehung oder den Haushalt nicht machen wollte und dringend ein paar Tage für sich brauchte? Haben Sie Opa im Gejammer nach Selbstverwirklichung seinen Job hinschmeißen sehen? Ich denke nicht. Sie haben ihre Arbeit still und leise verrichtet und aus den Trümmern des Krieges ein neues, prosperierendes Land aufgebaut. Sie haben oft Schwerstarbeit geleistet und ganz nebenbei Familien gegründet und Kinder erzogen. Es gab keine 35-Stunden-Woche, sondern bloß verdammt wenig Freizeit. Angebote zur Freizeitgestaltung existierten über einen Kinobesuch hinaus kaum, und Urlaube waren eher die Ausnahme als die Regel. Es war damals bei weitem nicht alles perfekt, doch wenn es um das Thema »müssen« ging, gab es weder ein Hinterfragen noch Zweifel. Es war einfach sonnenklar, dass es den eigenen Kindern besser gehen sollte und dass man selbst wieder ein lebenswerteres Leben führen wollte. Man hatte in dieser Epoche keine Zeit für Nichtigkeiten, weil die Grundbedürfnisse zu erfüllen waren und darüber hinaus ein Streben nach einem besseren Leben den Antrieb gab. Diese Kombination brachte großen Fortschritt, weil ein jeder so dachte und handelte. Eine solche Orientierung setzte kollektive Energien frei, die sich, bei allen individuellen Bestrebungen des Einzelnen, in der Gemeinschaft vervielfachten und ein ungeheures Wachstum hervorbrachten. Nur diesen Einstellungen ist die heutige Prosperität und Beschaffenheit unseres Landes zu verdanken, denn ohne sie wäre wohl nicht allzu viel passiert. Der Wohlstand unseres Landes und die Tatsache, es wenige Jahrzehnte nach Ende eines verlorenen Krieges, mit einer führenden Rolle in Europa und sogar der Welt wieder geschafft zu haben, macht die Kraft der gemeinsamen Pflichterfüllung mehr als deutlich. Das sollten wir uns immer dankbar vor Augen halten!

Destruktive Verhaltensmuster

Heute weiß ich das und bin dadurch wohl einer der irrsinnigsten Pflichterfüller geworden, den es gibt. Das war nicht immer so. Früher habe ich manche Pflichten nicht wahrgenommen und bin somit meiner Verantwortung einige Male absolut nicht nachgekommen. Sicher war nicht jede Krise meinem eigenen Verhalten zuzuschreiben, doch manches war sicher auch Ergebnis meiner gesetzten Ursachen. Aber selbst wenn uns Krisen ohne unser Zutun erreichen, ist die gelebte Übernahme von Pflichten in der Folge notwendig, um sie zu meistern. Ich hatte in meinem bisherigen Leben so viele Krisen zu bewältigen, dass ich mir manchmal die Frage stellte, ob denn für mich kein Leben außerhalb von Katastrophenzuständen vorgesehen war. Ob Finanz-, Familien-, Gesundheits- oder Geschäftskrisen, es löste ein Drama das nächste ab. Ich fragte mich sogar, ob ich mein Glück verspielt hätte. Denn in meinen jungen Jahren hatte ich doch einiges Glück. Kann man sein Glück wirklich verspielen und hatte ich es getan, weil ich es, im Nachhinein betrachtet, wohl mit Füßen trat? In ganz schlimmen Phasen fragte ich mich sogar, ob es vielleicht doch eine höhere Kraft gibt, die Glück und Pech verteilt und ich gar keinen Einfluss habe. Meine Frau brachte dann noch zusätzlich die Frage auf, ob es mehrere frühere Leben gab, in welchem wir vielleicht sehr schlechte Menschen gewesen seien, so dass dies heute unsere Quittung wäre. Es waren sicher sehr interessante Gedanken, deren Beurteilung und Richtigkeit ich an dieser Stelle gar nicht vertiefen will, die jedoch allesamt wenig hilfreich für eine Wende zum Guten waren. Diese Gedanken waren sogar mitverantwortlich für unsere Miseren. Denn diese Art des Denkens war eine Bestätigung der Hilf- und Machtlosigkeit, verstärkte die Opferrolle und nahm mich aus der Eigenverantwortung. Doch wenn ich mich selbst nicht mehr verantwortlich fühle, unternehme ich zwangsläufig auch keine Anstrengungen mehr, etwas zu verändern. Die Folge war, dass mögliche Verbesserungen in noch weitere Ferne rückten. Die nicht erfolgten Veränderungen werden zur Bestätigung dieser Gedanken und schon entsteht ein Teufelskreis, dem wir nur noch mit außerordentlichem Einsatz entkommen können. Diese Denk- und Verhaltensmuster werden immer weiter trainiert, gestärkt und plötzlich ist Untätigkeit die scheinbar logische Folge. Aus der Vermeidung von Pflichten ist ein selbstverständliches Programm geworden – und ein solches werden wir nicht so einfach wieder los.

Bitte seien Sie gewarnt: Wenn wir unseren Verpflichtungen nicht nachkommen oder vielmehr nicht zur rechten Zeit nachkommen, kann das langwierige und schmerzliche Folgen haben. Übernehmen wir allerdings unsere Verantwortung zeitnah und erfüllen unsere Pflichten, bleibt uns so manche Pein und einiger Schmerz erspart. Seinen Verpflichtungen nachzukommen, ist sicher keine fixe Garantie für das Erreichen aller Ziele, doch es ist eine Grundvoraussetzung, um überhaupt in die Nähe von zukünftigen Erfolgen zu rücken.

IHRE MISSION VERANTWORTUNG

Kennen auch Sie Zeiten, in denen die Verzweiflung so groß war, dass Sie zu keinem vernünftigen Gedanken fähig waren? Welche Gedanken haben Sie damals erschaffen, die Sie selbst aus der Verantwortung nahmen? Wo besteht diese Opferrolle eventuell heute noch bei Ihnen?

Pleiten, Pech und Pannen – mit Vollgas direkt hinein

Ich habe unzählige Male in wirtschaftlichen Engpässen gesteckt, konnte auch ab und an die Miete für unser Zuhause nicht bezahlen. Als Unternehmer ist die Einnahmeseite nicht immer eine verlässliche Quelle. So gab es auch bei mir die volle Bandbreite, von Umsatzlöchern über Stornierungen, bis zu böswilligen Nichtzahlungen der Rechnungen und Ausfällen durch Konkurse großer Unternehmen war alles dabei. Manches davon hätte ich durch ein höheres Verantwortungsbewusstsein im Vorfeld und eine akkuratere Weise, meinen Verpflichtungen nachzukommen, sicher vermeiden oder in der Wirkung zumindest abfedern können. Als positiv denkender, junger und vermeintlich unerschütterlicher Mensch wollte ich mir jedoch weismachen, dass mir dies alles nichts anhaben könne und nun endlich der Zeitpunkt des großen Durchbruchs gekommen wäre ...

Ein Beispiel: Nach zahlreichen Pleiten, Pech und Pannen mit kleinen und mittleren Unternehmen der Immobilienbranche war ich eines Tages zu dem Entschluss gekommen, keine Immobilien als Kapitalanlagen mehr zu verkaufen. Zu oft hatte ich dabei das Nachsehen gehabt. Die Unternehmen hielten ihre Zusagen nicht ein, gerieten in Schieflage und gingen in den schlimmsten Fällen sogar pleite. Die Leidtragenden waren immer die Kunden und meine Wenigkeit.

Da gab es zum Beispiel ein Unternehmen, geführt von einem ehemaligen Bankvorstand, der ein richtiger Vorzeigesaubermann war. Dieses Unternehmen geriet nach zwölf Jahren bester Presse in Schieflage und ging schließlich in Konkurs. Der Geschäftsführer hatte bereits seit einiger Zeit, in der Hoffnung auf bessere Zeiten, von sehr gut laufenden Projekten Geld abgezweigt, um Problemfälle zu regulieren. Das ging einige Zeit gut, ohne dass Außenstehende wie ich es bemerken konnten. Doch als die erhoffte wirtschaftliche Wende ausblieb, waren auf einmal alle Projekte gefährdet. Wann immer ich mit einer Zusammenarbeit begann, gab es mit etwas zeitlicher Verzögerung irgendein Dilemma. Das hatte nicht nur Auswirkungen auf meine Provisionen, sondern natürlich auch auf die tägliche Arbeit, denn die Kundschaft war stets in irgendeiner Weise betroffen und verantwortlich wird immer der Berater gemacht. Dann hört das Telefon nicht mehr auf, zu läuten. Also können Sie sich vorstellen, dass nicht nur die Einnahmen ausfielen, sondern auch die weitere Tätigkeit und somit neue mögliche Umsätze in anderen Bereichen durch ständige Löscharbeiten und Krisengespräche behindert wurden. Ich will mich keinesfalls aus der Verantwortung stehlen, doch es wird häufig übersehen, dass die Berater sehr oft mindestens genauso Opfer übelster Machenschaften sind wie die Kunden selbst. Und so verbrachte ich am Ende sogar einige Jahre mittel- und unmittelbar mit der Beratung von Menschen, die leider durch meine Tätigkeit nicht wirklich reicher wurden. Und ich natürlich auch nicht. Unter dem Strich hatte ich irgendwann das unterbewusste Gefühl, dass Immobilien und ich nicht wirklich zusammenpassten. Deshalb sollte diese Art der Tätigkeit nun ein Ende haben.

Pseudosicherheiten, die doch nichts bringen

Gerade als ich diesen Entschluss getroffen hatte, tauchte ein großes Unternehmen auf und bot mir eine Position als selbstständiger Vertriebsleiter bei einer hundertprozentigen Tochterfirma in Berlin an. Es war eine Aktiengesellschaft, das stellte eine für mich noch nie dagewesene Größenordnung dar. Zudem war sie der größte Bauträger Europas mit tausenden Mitarbeitern und über dreißig Jahren Erfahrung. Herr Dr. Lothar Spät als ehemaliger Ministerpräsident im Aufsichtsrat und kein geringerer als einer der wohl bis heute berühmtesten und damals noch hoch geachteten Manager aller Zeiten, José Lopez im Vorstand – was sollte da schon passieren? Eine neue Chance schien sich aufzutun und mich endlich für die herben Rückschläge zu entlohnen. Sie ahnen es schon, es kam anders. Auch dieses Unternehmen meldete etwa ein Jahr nach meinem Eintritt Insolvenz an. Die an sich gesunde Tochterfirma, für die ich arbeitete, war ebenfalls betroffen. Es gab keine großen Ausfälle und wenig Sorge für die Kundschaft, doch meine Begeisterung für den Vertrieb von Immobilienkapitalanlagen war nun endgültig beendet.

Ich war meiner Verantwortung in diesem Fall perfekt nachgekommen und hatte nach bestem Wissen und Gewissen alles geprüft, was zu prüfen war. Das ist ein Paradebeispiel dafür, dass man seinen Verpflichtungen zwar korrekt nachgekommen ist, aber die Krise dennoch zuschlägt.

Hinterher ist man immer gescheiter

Trotzdem hätte mich diese Krise nicht so stark treffen müssen, wenn ich einer anderen Pflicht besser nachgekommen wäre, nämlich geordnete Finanzen mit ausreichenden Rücklagen zu haben! Es ist unsere höchste Pflicht, dafür zu sorgen! Es müssen keine riesigen Überschüsse sein. Aber wir kommen nicht umhin, Ordnung in finanzieller Hinsicht zu halten und weniger auszugeben als einzunehmen. Selbstständige müssen sich zudem um ihre Steuern und um ausreichende Rücklagen kümmern. Die meisten Unternehmensgründungen scheitern nicht daran, dass sie kein Geld einnehmen, sondern wie sie es ausgeben. Sehr häufig gibt es weder Pläne noch Kontrollen. Selbst in Privathaushalten wird die Pflicht nach geordneten Finanzen häufig verletzt, das Ergebnis zeigt uns in Extremfällen Peter Zwegat in seiner Sendung *Raus aus den Schulden* auf RTL. Hier erleben wir auch, wie finanzielle Schwierigkeiten alle Lebensbereiche zerstören oder stark überschatten. Natürlich ist Geld nicht alles, doch ohne Geld geht nun einmal nichts. Auch deshalb müssen wir unseren diesbezüglichen Verpflichtungen nachkommen.

Durch nicht gelebte Verpflichtungen in die Insolvenz

Eine interessante Geschichte erlebte auch einer meiner Freunde, nennen wir ihn Mario. Ein Geschäftspartner aus der Versicherungswirtschaft bot ihm in einer ohnehin für ihn wirtschaftlich schwierigen Zeit eine Eigentumswohnung zu scheinbar sehr günstigen Konditionen an. Nach Information des Geschäftspartners sollte die Mieterin der Wohnung sehr bald ausziehen, sie habe es ihm fix zugesagt. Und die aktuellen Eigentümer der Wohnung wüssten noch nichts von diesem Vorhaben. Dies passierte zu einer Zeit, in der es immense Kaufpreisunterschiede zwischen vermieteten und unvermieteten Wohnungen gab. Es war also bei einem Ankauf zum vermieteten Zeitpunkt und anschließendem unvermieteten Verkauf eine hohe Gewinnspanne zu erwarten! Mario und sein Geschäftspartner wollten sich dieses Geschäft fifty-fifty teilen. Da bekam der Empfehlungsgeber und vermeintliche Partner auf einmal das Geld nicht zusammen. Mein Freund Mario machte das Geschäft alleine, denn zu verlockend schien ihm der Segen des hohen Gewinns. Leider hatte auch er nicht ausreichend Kapital. So kaufte er die Wohnung kurzerhand mit von seinem Vater geborgtem Geld und zahlte seinem Geschäftspartner aus Dankbarkeit auch noch eine hohe Provision! Kaum war die Wohnung in Marios Besitz übergegangen, stellte sich heraus, dass die Mieterin nicht die geringste Absicht hatte, auszuziehen. Weder jetzt noch später. Sofort nach der Übertragung der Wohnung in seinen offiziellen Besitz hagelte es von ihrer Seite massive Beschwerden und Wünsche für eine Verbesserung des Zustands dieser Wohnung. Aus dem vermeintlich glücksbringenden Verkauf war ein Albtraumprojekt geworden.

Ein Desaster, das zu vermeiden gewesen wäre

Die Konditionen des bestehenden Mietvertrages waren für eine Kapitalanlage schlichtweg eine Katastrophe. Nicht einmal das Hausgeld und die Verwaltungskosten waren durch die Miete gedeckt. Da Mario zu diesem Zeitpunkt keine weiteren Rücklagen mehr hatte und auch sein Verdienst zu dieser Zeit einen Zuschuss nicht möglich machte, lief er in massive finanzielle Probleme hinein. Bald türmten sich seine Schulden. Mario war zu jung, unerfahren und vor allen Dingen damals noch zu konfliktscheu, um das Ruder herumzureißen. Und was tat er? Nichts. Er vermied in dieser Situation das Gespräch mit seinem Vater, dem Geldgeber – aus Pein über seine eigene Dummheit. Da er dem Vater begeistert von dem schnellen Wiederverkauf erzählt hatte, verlor er dessen Vertrauen, und ihr Verhältnis wurde stark getrübt. Sicherlich wäre es um einiges leichter gewesen, wenn er mit seinem alten Herrn offen gesprochen hätte, doch Mario versteckte sich vor diesem Thema.

Er redete weder mit der Mieterin, um eine Erhöhung der Miete zu erwirken, noch sprach er mit der Hausverwaltung oder den Energie- und sonstigen Lieferanten, um die offenen Zahlungen zu regulieren. Er steckte einfach den Kopf in den Sand und versuchte, das schlechte Geschäft dieser Wohnung mit anderweitigen guten Geschäften auszugleichen. Logischerweise funktionierte das nicht. Das war zwar ein netter Versuch, doch noch irgendeine Art von Verantwortung zu übernehmen, aber mit den völlig falschen Aktionen. Mario nahm der Verzweiflung nahe auch noch Kredite auf diese Wohnung auf, in der Hoffnung, seine Geschäfte würden bald besser laufen. Da es natürlich nicht so kam, waren bald auch noch Darlehenszinsen und Tilgungen an die Bank zu zahlen. Marios Schulden wurden erdrückend. Die Wohnung ging nach einiger Zeit in die Zwangsverwaltung und wurde ein paar Jahre später für eine läppische Summe versteigert. Mario saß nun auf einem riesigen Berg von Schulden und die Wohnung war weg. Er hat nie mit seinem Vater über den tatsächlichen Verlauf dieses Geschäfts geredet. Bis zu dessen Tod blieb das Thema unausgesprochen. Auch in den folgenden Jahren hat Mario die Verantwortung für seine Fehlleistung nach außen hin nie wirklich übernommen. Es hätte am wirtschaftlichen Ergebnis zwar nichts geändert, doch Offenheit und Klarheit über verfehlte Verpflichtungen sind für die Seele nicht zu unterschätzen. Glauben Sie, das Thema könnte meinen Freund Mario bis heute belasten? Ja, das tut es ganz sicher.

Pflichten erleichtern das Leben und bringen Freude

Warum erzähle ich Ihnen diese Geschichten? Es sind beides wunderbare Beispiele dafür, dass wir nicht umhinkommen, uns den Herausforderungen zu stellen, unsere Pflichten zu erfüllen, den Kopf aus dem Sand zu ziehen und der Realität stets ins Auge zu blicken. Das ist nicht einfach, das habe ich selbst sehr oft erlebt. Aber ich kann Ihnen eines garantieren: Es geht uns immer besser und besser, je deutlicher wir ein klares Ja zu unserer Verantwortung sagen und bereit sind, sich ihr zu stellen. Und zwar schon im Vorfeld, bevor wir eine neue Aufgabe übernehmen oder ein neues Geschäft abschließen, um sicherzustellen, dass das Risiko, das wir im Begriff sind einzugehen, kalkulierbar bleibt. Aber vor allem auch danach, wenn trotz aller gewalteten Vorsicht etwas schiefgegangen ist. In beiden Fällen haben wir die absolute Verpflichtung, uns dieser Verantwortung zu stellen. Wir müssen sie einfach übernehmen.

In meiner damaligen Tätigkeit als Vertriebsleiter bei der Aktiengesellschaft war es meine Pflicht, mich tiefgehend um die Hintergründe der Unternehmensgruppe, für die ich tätig wurde, und die Lage der Märkte zu informieren. Das habe ich nach bestem Wissen und Gewissen im Rahmen meiner Möglichkeiten als junger Mann gemacht. Ich bin dieser Verpflichtung also durchaus nachgekommen. Leider hat es meinen Kunden nichts gebracht damals. Aber nur deshalb kann ich auch heute noch ohne schlechtes Gefühl in den Spiegel schauen und mich mit den Menschen treffen, die ich zu dieser Zeit beraten habe. Denn ich sehe es als meine Pflicht an, auch im Nachhinein alles zu tun, um diesen Kunden zu helfen. Erst im vorigen Jahr habe ich einen Kunden beratend unterstützt, obwohl dieser spezifische Abschluss bereits vor zwanzig Jahren zustande kam! Ich will mich nun nicht damit rühmen, denn ich halte dies für gar keine besonders tolle Leistung. Ich sehe es einfach als meine Pflicht, im Rahmen meiner momentanen Möglichkeiten alles zu tun, um den wirtschaftlichen Erfolg meiner Kundschaft sicherzustellen.

Marios Fehlinvestition in Sachen Immobilien ist ebenfalls ein klassisches Negativbeispiel und ein guter Hinweis dafür, was passiert, wenn man seinen Sorgfaltspflichten nicht nachkommt. Er ist seiner Verantwortung in vielerlei Hinsicht nicht gerecht geworden. Er hat weder im Vorfeld gecheckt, ob die Mieterin wirklich vorhatte, auszuziehen und hat sich – heilige Einfalt – einfach auf das Wort seines sogenannten Geschäftspartners verlassen. Noch hat er sich nach dem Kauf mit der Thematik verlässlich, vernünftig und rigoros auseinandergesetzt. Bis zum Schluss hat er sich seiner Verantwortung virtuos entzogen und schließlich die Quittung dafür bekommen. Sie sehen, Verantwortung hat unendlich viele Facetten. Immer aber beruht sie auf einer Entscheidung, die richtig oder falsch oder gar nicht getroffen wurde.

Unzählige verschiedene Verpflichtungen

Unsere Verpflichtungen gehen allerdings noch weit über die hier geschilderten Komponenten hinaus. Unsere Rolle auf dieser Erde ist schon von Geburt an mit einigen Verpflichtungen verbunden. Als Sohn oder Tochter ergeben sich bereits moralische Verpflichtungen unseren Eltern gegenüber, denen wir zu entsprechen haben oder denen wir entsprechen wollen. Wir wollen gute Kinder sein, geliebt und anerkannt, verantwortlich bis ins hohe Alter, wenn sich die Positionen drehen und wir uns um unsere Eltern kümmern müssen. Im Laufe des Lebens werden unsere Verpflichtungen um viele weitere Rollen erweitert. Wir sind Bruder, Freund, Vater, Mitarbeiter, Kollege, Chef, Vereinsmitglied, Elternvertreter, Beirat, Sponsor, Helfer, Unterstützer, Spielkamerad, Sportsfreund und vieles mehr. Wir müssen zuhören, lernen, erfahren, Rat geben, nachdenken, vordenken, besprechen, planen, handeln, kontrollieren, anpassen, bewegen, kommunizieren, verdienen, einnehmen, ausgeben, investieren, streiten, schlichten, fordern, fördern, geben, nehmen, streben, leben, beitragen und noch unendlich viel mehr. Mit jeder Rolle sind Vergnügen, Lust, Freude und Vorteile verbunden und jede Rolle bringt automatisch auch Verpflichtungen mit sich. Wenn wir ein schönes und glückliches Leben führen wollen, können, dürfen und müssen wir diesem entsprechen. Ja sie haben richtig gelesen, auch wenn es im Zusammenhang mit dem Wort Pflicht ein wenig paradox klingt. Wir können, weil wir doch immer die freie Wahl haben. Niemand kann uns zwingen, insofern können wir frei entscheiden. Wir dürfen, weil wir die Gelegenheit dazu bekommen. Das ist nicht zwingend selbstverständlich:

Unsere Rolle als Unternehmer wäre nicht möglich, wenn die politische Lage des Landes, in dem wir leben, dies nicht erlauben würde. Ihre Rolle als Tochter ist vorbei, wenn Ihre Eltern von Ihrem Recht auf Ableben Gebrauch machen. Und wir müssen aktiv werden, wenn wir das gewünschte Ergebnis nicht nur anstreben, sondern auch tatsächlich erzielen wollen.

Insgesamt ist eine Neubewertung von Pflichten und Verpflichtungen notwendig, wenn wir das Leben genießen wollen. Niemand hat gesagt, dass Sie dabei nicht lachen dürfen. Ein schönes Leben zu führen, bedeutet auch, Spaß und Freude zu haben, ob Sie dies nun laut oder leise bevorzugen. Sie können Ihre Freude empfinden und ausleben, wie Sie es wollen. Und Sie können auch eine wunderbare, üppige Lust auf Ihre Pflichten haben. Sie dürfen pure Freude aus Ihren Verpflichtungen schöpfen, denn auch diese sind es, die Ihre Träume Wirklichkeit werden lassen, indem Sie sich bewusst und verantwortungsvoll für den Erfolg entscheiden.

IHRE MISSION VERANTWORTUNG

Welche Pflichten, die Sie in Ihrem Leben angenommen und erfüllt haben, haben Sie weitergebracht auf Ihrem Erfolgsweg? Oder, anders gefragt, welche Nichterfüllung einer Verpflichtung, die die Ihre gewesen wäre, hatte im Nachhinein einen hohen Preis? Überlegen Sie doch einmal, wie Sie die Begriffe »Pflicht« und »Verpflichtung« für sich neu definieren und eventuell positiver als bisher einordnen können.

Teil 2 –
Der Erfolgsweg der Verantwortung

5.
Verantwortlichkeiten erkennen – wer ist zuständig?

Wo jeder zuständig ist, ist keiner verantwortlich.

Dr. Fritz Rinnhofer (*1939), österreichischer Jurist, Marketingleiter, Kommunikationsmanager, Publizist und Aphoristiker

Kennen Sie das? Zuständigkeiten werden im Alltag gerne abgelehnt und abgewälzt. Denken wir nur an den Besuch eines überfüllten Restaurants. Haben Sie endlich eine Bedienung in greifbarer Nähe, ist diese nicht für Ihren Tisch zuständig. Ist der richtige Servicemitarbeiter gefunden, darf dieser nur die Bestellung aufnehmen, aber leider nicht kassieren. Solche Begebenheiten belasten unseren Alltag und sind für den Betriebsinhaber klare Erfolgsverhinderer. Diese Entwicklung ist glücklicherweise etwas rückläufig. Einen eindeutigen Vorteil für Kunden bringen die neuen, modernen Kassensysteme, die auch dem rechenschwächsten Mitarbeiter die Anleitung zum richtigen Abkassieren möglich machen. Ob dies allerdings gesellschaftlich wertvoll ist, sei dahingestellt, denn das Rechnen wird neben dem richtigem Schreiben offenbar immer mehr zum Alleinstellungsmerkmal. Es scheint sich auch dafür niemand mehr richtig zuständig zu fühlen.

Ich bin nicht zuständig

Eines der Lieblingsbeispiele der Comedy-Szene ist wohl der Baumarkt, in dem Sie scheinbar nie Mitarbeiter finden, weil diese sich angeblich vor den Kunden verstecken. Haben Sie dann nach langer Suche doch einen ausfindig machen können, ist der garantiert nur für die Gartenabteilung zuständig, obwohl Sie eine Frage zum Werkzeug haben. Ebenso beliebt für Witze aller Art sind, nicht ganz ohne Grund, die Beamten. In den Behörden könnte man den Eindruck gewinnen, sie hätten dort einen extra Stempel für »nicht zuständig«. Neuerdings werden solche Situationen zunehmend durch Informations- und Auskunftszentren gelöst, bei denen Sie in proppenvollen Wartebereichen zum Ziehen einer Wartemarke für einen bestimmten Bereich eingeladen werden. Sollten Sie jedoch mal eine Frage außerhalb der Norm dieser Bereiche haben, werden Sie hier garantiert keinen Zuständigen finden. Wir alle werden im Alltag immer wieder mit der großen Thematik »jemand ist nicht zuständig« konfrontiert. Es fällt uns meistens nur nicht mehr auf.

Die immer komplexeren Aufgaben des Lebens werden mit Spezialisten gelöst. Wenn es früher noch einen Kfz-Mechaniker gab, der von der Karosserie bis zum Motor alles repariert hat, so gibt es heute für jedes Teil einen Spezialisten. Auch ein Online Marketing Experte kann nicht immer alles, er hat sich wahlweise auf SEO, soziale Medien oder andere Detailbereiche spezialisiert. Immer weniger Allgemeinwissen und Oberfläche sind gefragt, was leider auch mit einer gewissen Verdummung einhergeht. Mit den Zuständigkeiten im Leben ist es also so eine Sache. Die vielschichtigen Aufgaben führten zur Spezialisierung und diese hat wiederum zur Folge, dass nur noch ein bestimmtes Gebiet bedient werden kann und darüber hinaus der Wille, die Kompetenz oder beides fehlt. Vielleicht ist es dieser Entwicklung geschuldet, dass sich so viele Menschen für immer mehr Bereiche nicht zuständig fühlen, eventuell auch nicht mal mehr für ihr eigenes Leben.

Verpflichtet und berechtigt

Zuständig zu sein bedeutet, verpflichtet und berechtigt zu sein, etwas zu tun. Diese knackige Erklärung aus *Wikipedia* trifft es auf den Punkt: Verpflichtet und berechtigt! Wenn wir also gleichermaßen verpflichtet wie auch berechtigt sind, etwas zu tun, dann sind wir zuständig. Aus dem vorigen Kapitel haben wir in Erinnerung, dass Verpflichtungen erstens nicht per se negativ sind und wir zweitens viel mehr Pflichten übernehmen und ausüben, als wir direkt und sichtbar aufgetragen bekommen haben. Diese andere Sichtweise unserer Pflichten bringt aber auch neue Schwierigkeiten in Sachen Zuständigkeit mit sich, denn die nötige Abgrenzung ist oft problematisch. Dies ist ein Thema, das wir in den kommenden Kapiteln noch näher behandeln werden.

Wie sieht es dann mit unserer Berechtigung zum Handeln aus? Inwieweit ist diese eingeschränkt? Nicht allzu sehr, wie ich finde. Einzige Ausnahme ist wohl, wenn wir andere durch unsere Handlungen in Verpflichtungen treiben, zum Beispiel bei Rechtsgeschäften. Durch unsere Willenserklärungen dürfen natürlich keine bindenden Verträge für andere Menschen geformt werden. Raus aus der Theorie und rein in die Praxis: Natürlich kann ich für Sie nicht einfach ein Auto kaufen, ich darf definitiv keinen Kaufvertrag über ein neues Auto auf Ihren Namen tätigen. Abgesehen davon bin ich dazu nicht verpflichtet und somit eindeutig nicht zuständig.

Vermeintlich zuständig ist nicht zuständig

Andererseits finden wir aufgezwungene vermeintliche Zuständigkeiten unseres Umfeldes gar nicht so selten im Leben. Wie oft schon hat jemand, aus seiner oder ihrer Sicht wohlwollend, ein Getränk seiner Wahl für Sie einfach mitbestellt? Ich erlebe dies häufig auf Partys. Unsere Gesellschaft ist stark auf den Konsum von Alkohol bei Feierlichkeiten geprägt. Wer lustig sein will, muss trinken. Nun gibt es aber trotzdem einige Menschen, die gar keinen Alkohol trinken wollen. Sie sind nüchtern für die Trinkenden ein Dorn im Auge und müssen scheinbar zwingend zum Rausch verführt werden. Sie kennen alle diese Sprüche, wenn Sie mal keinen Alkohol mittrinken wollten: »Na, ein Glas kannst du doch« »Sei doch kein Spielverderber« und so weiter. Hier übernimmt jemand für Sie die Zuständigkeit oder versucht es zumindest. Doch ist diese Person wirklich zuständig? Ist sie verpflichtet und berechtigt, Entscheidungen für Sie zu treffen? Ganz sicher nicht. Ihre Entscheidungen sind Ihre ureigene Angelegenheit. Immer.

Manchmal werden sich also übergreifende Zuständigkeiten angemaßt, und dann wieder werden sie einfach abgelehnt. Natürlich lädt die Verteilung von Zuständigkeiten einige Zeitgenossen auch ein, sich prompt zu verstecken. Das ist scheinbar bequem, aber fatal. Wer nicht zuständig ist, muss zwar keine Entscheidung treffen und kann scheinbar nichts falsch machen. Das stimmt aber nicht wirklich, denn der Welt werden durch nicht getroffene Entscheidungen weit mehr Schäden zugefügt als durch Fehlentscheidungen. Warum das so ist? Ganz einfach, eine Fehlentscheidung kann im Nachhinein meist korrigiert und angepasst werden. Eine nicht getroffene Entscheidung überlässt die Dinge sich selbst. Oder anderen Menschen, womit sich der Kreis zu den falschen Zuständigkeiten schließt.

IHRE MISSION VERANTWORTUNG

Achten Sie doch einmal in ihrem privaten und beruflichen Alltag darauf, wie oft Menschen für Sie vermeintlich wohlwollend in die Bresche springen und Entscheidungen für Sie einfach mittreffen. Es wird öfter vorkommen, als Sie sich das vorstellen. Bestimmt Ihr Partner mit, was Sie wann essen oder einkaufen? Entscheiden Kollegen machtvoll, welche Arbeit jetzt zu erledigen ist und zwingen Ihnen damit ihren eigenen Arbeitsrhythmus auf? Beobachten Sie doch einmal über einige Wochen, inwieweit andere in Ihr Zuständigkeitsfeld eingreifen. Sie tun auf jeden Fall gut daran, persönlich zu bestimmen, die Dinge nicht dem Zufall oder anderen zu überlassen, wenn Sie ein selbstbestimmtes Leben führen möchten.

Wir müssen nicht überall unseren Senf dazugeben

Wir können und dürfen nicht alles bestimmen, nicht einmal beeinflussen. Wir müssen uns sogar abgrenzen und uns bewusst aus gewissen Dingen heraushalten, um ein einigermaßen entspanntes Leben führen zu können. Tun wir dies nicht, ersticken wir irgendwann einmal vor lauter Verantwortlichkeiten und brechen unter ihrer Last zusammen. Es gibt keine wie auch immer geartete Verpflichtung, überall unseren Senf dazuzugeben! Viele Menschen tun jedoch genau das mit Leidenschaft und Verve. Sie haben hohe Schwierigkeiten bei der Einschätzung ihrer persönlichen Zuständigkeitsgrenzen.

Diese Menschen übernehmen die Verantwortungen für alles und jeden und kommen dabei selbst viel zu kurz. Ich will hier nicht zum Prediger des Egoismus werden, doch wir müssen vorrangig auf uns und unser persönliches Gleichgewicht achten. Die Welt hat nichts davon, wenn Sie sich übernehmen. Kein Menschenleben wird sich bessern, wenn Sie zusammenbrechen. Kein Tier und keine Pflanze dieser Erde erfährt einen Nutzen aus Ihrer Überverantwortung. Sie müssen also sehr genau auf sich achten und sehr klar definieren, wofür Sie zuständig sein wollen. Es ist besser, sich auf einige wenige Dinge sehr intensiv zu konzentrieren und diese Verantwortung stark und klar zu leben, als überall ein bisschen und oberflächlich mitzumischen. Das heißt ja nicht, dass Sie in den anderen Bereichen gleich in die volle Verantwortungslosigkeit abgleiten, im Gegenteil. Das, was Ihnen wirklich ein Anliegen ist, können Sie immer im Auge behalten. Aber übernehmen Sie sich nicht, denn Sie sind nun einmal nicht für alles zuständig. Brennen Sie nicht aus, Sie werden noch gebraucht! Wir sind circa 7.500.000.000 Menschen auf diesem Planeten – wenn da jeder ein bisschen mehr Verantwortung übernehmen und sich für einige Punkte zuständig machen würde, reicht es sicher aus. Also motivieren wir doch lieber andere Menschen, Verantwortung zu übernehmen, als alles allein zu versuchen.

Die Welt braucht Anführer *und* Folger

Wenn sich – einmal angenommen – jeder zuständig fühlt und daraus resultierend alle Menschen gleichermaßen zuständig sind, so kommt auch nicht viel dabei heraus. Außerdem führt dies mit Sicherheit zum Problem der persönlichen Überlastung. Ein Menschengemenge benötigt Anführer. Jedes Schiff braucht einen Kapitän, jede Mannschaft einen Chef-Coach, jeder Stamm einen Häuptling und jedes Unternehmen einen Boss. Kein Schiff wird seinen Hafen erreichen, wenn der Kapitän nicht die Koordinaten vorgibt. Es liegen eine Vielzahl nautischer, technischer und kaufmännischer Aufgaben und Verantwortlichkeiten in seiner Hand. In erster Linie trägt der Kapitän die Verantwortung für das Schiff als solches sowie für seine Teilnahme am Verkehr und an technischen Prozessen. Auch für die Navigation und die Sicherheit an Bord zeichnet er verantwortlich, und als Schiffsführer ist er für die Besatzung, die Arbeitsorganisation, für die Passagiere und die Ladung verantwortlich. Stellen Sie sich vor, mehrere Menschen gleichzeitig würden versuchen, diese Aufgaben zu erfüllen – das Chaos wäre vorprogrammiert. Gerade auch in unvorhergesehenen Situationen und Krisen muss ein Mensch die Entscheidungen treffen. So ist es nicht nur an Bord, sondern auch im Sport und in der Unternehmenswelt. Wir brauchen einen Leiter, jemand der uns und unser Vorhaben führt. Jemanden, der weiß, wo es lang geht und die Verantwortung für das Gelingen übernimmt. Das deutsche Wort Führer ist leider arg belastet, und nicht zuletzt deshalb nimmt das englische Wort auch in unserem Lande immer mehr Raum ein: Leader – wir brauchen Leader, Anführer, Leiter und Bosse im positiven Sinn.

Das gilt für ein Land ebenso wie für ein Unternehmen, einen Sportverein und die Familie, und selbst im Freundeskreis, wenn es darum geht, welches Ausflugsprogramm geplant wird. Einer gibt immer den Ton an – auch die kleinste Einheit braucht einen Anführer. Das ist so. Ohne Ausnahme.

Die Geschichte hat uns aber auch gelehrt: Wir müssen achtgeben, dass wir die richtigen Anführer wählen, damit die Dinge nicht in einer Katastrophe enden! Auch dies ist genauso gültig für die Welt wie für die Familie. Herr Trump macht der Welt gerade mit aller Vehemenz deutlich, wie wichtig die Wahl der richtigen Anführer ist. Das Gemeinwohl sollte, nein muss für einen guten Leader im Vordergrund stehen, selbst wenn er seine Profilneurosen auslebt. Ein Vater, der die Chefrolle innehat und mit ihr verantwortungslos, egozentrisch durchs Leben schlendert und dadurch die gesamte Familie in Schwierigkeiten bringt, ist als Anführer nicht einmal als schlechtes Beispiel zu gebrauchen, denn dies könnte man auch gut woanders finden. Vor allem für die Schutzbefohlenen ist es kein Zuckerschlecken, und Kinder können sich, je nach Alter, nur schwer oder gar nicht der Fremdbestimmung entziehen. Insofern ist die Rolle des Leaders der Familie nicht weniger bedeutungsvoll als die des Leaders eines Landes.

Es ist also nicht ganz so einfach mit den Zuständigkeiten. Mal lehnen wir sie zu Unrecht ab, dann wieder übernehmen wir sie unangebracht. Wir müssen den richtigen Weg finden, den richtigen Weg für uns, aber auch für andere. Die Lösung ist auch hier wieder einmal der goldene Mittelweg. Aber genau dieser ist für viele Menschen sehr schwer zu beschreiten, wie die folgende Geschichte zeigt.

Ein Viel zu Viel an Zuständigkeit

Vor vielen Jahren war ich einmal mit einer sehr hübschen, lebensfrohen und intelligenten jungen Frau zusammen. Was mich an Silvia besonders faszinierte, waren ihre ausgeprägte Bodenständigkeit und Heiterkeit. Gerade frisch von ihrem Mann getrennt, ging sie trotzdem extrem fröhlich durch ihre Tage. Ich fragte mich, wieso sie es so leicht nahm und wer eine solche Frau freiwillig ziehen ließ – und konnte mein Glück kaum fassen.

Silvia war für mich das Paradebeispiel einer echten Powerfrau, die scheinbar alles bewältigen konnte. Ich war fasziniert von ihrem bisherigen Lebensweg. Sie war bereits als junges Mädchen eine sehr erfolgreiche Turnerin im Landeskader, musste aber aufgrund einer schweren Verletzung ihre Träume einer weiteren sportlichen Karriere begraben. Die Sportschulen in der ehemaligen DDR waren für Heranwachsende kein Zuckerschlecken, und eine frühe Trennung von Mutter und Vater setzt wohl jedem Kind zu. Trotzdem hatte sie beste Bindungen zur Familie und ging gleichzeitig sehr früh ihren eigenen Weg. Sie hatte eine gute Ausbildung, trotzte den Widrigkeiten der Arbeitslosigkeit im tiefen Osten und suchte sich eine eigene Wohnung in Berlin. Sie arbeitete, verdiente gutes Geld, hatte im Gegensatz zu den meisten jungen Menschen keine Schulden und rundum geordnete Verhältnisse. Mich beeindruckte es damals zutiefst, wie sie die volle Verantwortung für ihr Leben und ihr Glück übernommen hatte. Ich sah sie als echtes Vorbild und freute mich, wenn sie mir von ihrer Arbeit als Physiotherapeutin erzählte. Nach einigen Monaten glücklicher Beziehung merkte ich einige Veränderungen an Silvia. Ich erkannte, dass sie jeden Bereich ihres Lebens absolut und fast schon obsessiv beherrschen wollte. Diese Tendenzen waren natürlich schon immer dagewesen, aber meine rosa Liebesbrille der ersten Wochen hatte einen zu starken Filter dazwischengeschaltet.

Wenn Silvia – sehr oft und fast obsessiv – von ihrer Arbeit erzählte, fiel mir auf, dass scheinbar immer sie unter den anderen zu leiden hatte. Sie war schlichtweg stets die Beste – und kam doch stets zu kurz. Die Kollegen in der Praxis für Physiotherapie hielten ihre Zeiten nicht ein und verhielten sich damit den Patienten gegenüber nicht korrekt. Sie, Silvia, würde ihre Zeiten immer auf die Sekunde genau eintakten. Sie beschwerte sich, dass sie die Einzige war, die Anrufe beantwortete und sich für Termine zuständig fühlte. Die Behandlungen machten die anderen auch nicht so gut, nicht mal die Chefin selbst. Silvia nutzte ihre Pausen dazu, um die Praxis sauber zu machen. Sonst kümmerte sich ja niemand darum! Alle Patienten wollten sowieso nur zu ihr und sie wüsste bald gar nicht mehr, wie sie diesen Anforderungen gerecht werden sollte. All das erzählte sie mir Abend für Abend. Nach einiger Zeit verstand ich, dass sich dieses Muster, sich für alles verantwortlich und gleichzeitig zuständig zu fühlen, durch Silvias ganzes Leben zog. Eigentlich wollte sie gar nicht für alles verantwortlich sein und hätte sich gern manchmal ausgeruht, doch ihr Denken hatte sie vereinnahmt. Sie war in ihren Augen nicht nur für ihre eigene Arbeit zuständig, sondern auch für die der Kollegen und der Chefin. Sie fühlte sich im Grunde für die gesamte Praxis verantwortlich.

Sie praktizierte dieses Zuständigkeitsdenken auch in allen anderen Bereichen ihres Lebens. Natürlich wusste sie nicht nur, was für ihren Körper und ihre Gesundheit das Beste war, sondern auch bei anderen. Ihre eigenen vorbildlich geordneten finanziellen Verhältnisse waren ihr einerseits Vergnügen, andererseits aber Belastung. Denn natürlich erwartete sie gleichermaßen korrekte Angelegenheiten in ihrem Umfeld und wusste im Zweifel immer noch, wie es besser ging. Entspanntheit, Spontanität und Lebensfreude wurden Fremdwörter für sie und dadurch leider auch für mich. Unsere Beziehung litt zusehends unter ihren ständigen fixen Vorgaben und Besserwissereien. Sie übertrieb nicht nur für sich und schaffte sich durch zu viele übernommene Zuständigkeiten einen nicht mehr bewältigbaren Aufgabenbereich, sondern wurde zunehmend grenzüberschreitend im Umgang mit anderen. Wenn ich in ihrer Wohnung eine Kaffeetasse benutzte, musste ich diese an genau der richtigen Stelle auf dem Tisch platzieren und sie danach sofort abspülen und an den exakt vorgesehenen Platz im Schrank stellen. Das schaffte ich natürlich nicht so präzise wie Silvia. Kaffee kochen konnte auch nur Silvia, denn meiner schmeckte nicht richtig. Sie ging sogar so weit, mir den Filter aus der Hand zu nehmen und mir zu zeigen, wie und wo genau dieser den Knick haben müsste, für ein Mehr an Geschmack. Sie übernahm also für alles und jedes die Zuständigkeit, ungefragt und von ihrem Umfeld nicht gewollt. Ihre Absichten waren die besten, denn sie wollte im Grunde ja einfach nur glücklich sein. Leider ließ sie sich keine Chance dazu. Und gab auch uns keine Chance. Ich hatte in der Zwischenzeit verstanden, warum ihr Ehemann sie ziehen ließ und auch, weshalb sie nach der Trennung so heiter wirkte. Sie war dadurch wieder in ihrem Wunschstatus »ich bin für alles zuständig« angekommen. Zuständigkeitsfanatiker wie Silvia leben besser alleine. Ich musste mich schweren Herzens entscheiden, diese Beziehung zu beenden, bevor ich vollkommen jeglicher Rechte des freien Handelns beraubt war. Gerade in persönlichen Beziehungen braucht es ein ausgewogenes Verhältnis an Zuständigkeiten, mal führt der eine, und es folgt der andere. Und umgekehrt.

Wir dürfen auch mal bloß Folger sein

Ein Gedankenfehler beginnt schon bei der Bewertung der Rollen von Anführer und Folger. Einige Leute denken, wir müssten alle zu Führern werden. Führer wären die besseren, glücklicheren oder erfolgreicheren Menschen. Das ist nicht der Fall! Es braucht definitiv auch Folger! Egal welcher Typ Sie persönlich sind, es ist genau so richtig, wie es ist. Es ist sehr gut, dass es Führer und Folger gibt. Wir brauchen sie beide. Es ist völlig in Ordnung, dass nicht jeder die Verantwortung eines Chefs oder Anführers übernehmen möchte, kann und muss. Wir brauchen die Folger sogar sehr dringend und in größerer Menge, weil die Leader ja eine ganz bestimmte Aufgabe haben: Strategien zu erdenken und darauf basierend entsprechend zu führen. Aber natürlich brauchen wir auch die, die die Arbeit tatsächlich verrichten. Was nützen uns hundert Architekten, wenn keiner einen Stein auf den anderen legt?! Was sollen wir mit elf Fußballtrainern, wenn keiner rennt und den Ball tritt? Wir brauchen beide, die Anführer und die Folger, und es kann dazu auch keine Wertung geben, was besser oder schlechter ist. Wir sollten uns vor einer Bewertung gerade in diesem Kontext wirklich hüten, denn der Anführer kann nicht ohne den Folger existieren und umgekehrt. Zudem gibt es eine Reihe von Zwischenformen, in denen Unterbosse Teile der Führungsarbeit übernehmen und trotzdem noch in die Arbeit eingebunden sind. Dies ist nicht nur ein vorübergehender Zustand derjenigen, die auf dem Weg zum Chef sind, sondern wird, je nach Größe des Unterfangens, dauerhaft benötigt. Wir brauchen überall klare Strukturen, wie auch der Kapitän auf dem Schiff seine Offiziere und Unteroffiziere braucht, die auf ihren spezifischen Gebieten und Teilbereichen die Führer sind. Er könnte niemals alle Bereiche allein abdecken. Im Fußball hat der Trainer eine Menge Co-Trainer, aber eben auch einen Mannschaftsführer, der selbst mitspielt und Führungsaufgaben übernimmt.

Und zu guter Letzt müssen wir bedenken, dass wir in manchen Segmenten die Führer und in anderen die Folger sind. Ich selbst bin eine Zwischenform, denn ich mache viel zu gern Dinge selbst. Ich kann es nicht ertragen, nur zu dirigieren. Dennoch bin ich wohl insgesamt ein ziemlich ausgeprägter Anführer, um es vorsichtig auszudrücken. Meine Frau würde an dieser Stelle deutlichere Worte finden. Aber es gibt eindeutige Bereiche, in denen ich viel lieber Folger bin. Das Familienmanagement, und dieses Wort meine ich extrem respektvoll, übernahm meine Frau, inklusive der Erziehung der Kinder. Und wenn sie mir sagt, was wann in der Freizeit zu tun ist, dann folge ich. Die Anweisungen meiner Frau im Haushalt befolge ich sowieso. Offen gestanden habe ich in manchen Bereichen rein gar nichts zu sagen. Das führt zwar gelegentlich zu Konflikten, ist aber insgesamt völlig in Ordnung, denn ich will überhaupt nicht überall der Anführer sein. Erstens ist es extrem belastend und zweitens gar nicht zu leisten, schon gar nicht gut zu leisten. Ich erkenne hier meine persönliche Nicht-Zuständigkeit voll und ganz an. Auch dies ist eine Einsicht, mit der sich viele Menschen schwertun: Wir können und müssen nicht überall der Boss und der Beste sein.

Ausbalancierte Zuständigkeiten leben

Der goldene Mittelweg liegt auch bei der Ausübung unserer persönlichen Zuständigkeiten in der Ausgeglichenheit. Wir werden nie das vollkommen richtige Maß finden; wie übrigens in keinem der bereits besprochenen und der noch kommenden Bereiche. Es gibt keine Perfektion, und wir sollten sie auch nicht als unser oberstes Ziel sehen. Aber wir können die Perfektion als richtungsweisend annehmen, wohl wissend, dass wir sie nie erreichen werden, nicht erreichen müssen und nicht einmal wirklich anstreben. Sehen Sie Perfektion bitte als generelle Richtung! Eine ausgewogene Ausgeglichenheit anstrebend, dürfen Sie Führungsrollen übernehmen, aber in einigen Bereich auch mal der Gefolgsmann sein. Sie können natürlich auch in allen Bereichen der Folger sein, solange Sie das zufrieden macht. Aber in einem Bereich müssen Sie immer der Leader sein: In Ihrem eigenen Leben.

Anführer im eigenen Leben sein

Sie müssen kein Chef sein, kein Unternehmer und nicht einmal Spielführer. Sie benötigen keine laute Stimme, keine Diktatoreneigenschaften und müssen keine Anweisungen erteilen. Sie können ganz leise und zurückhaltend sein, aber Sie müssen und können Ihr Leben führen – in nahezu jeder Einzelheit! Zu führen bedeutet, zu bestimmen. Über Ihr Leben sollten nur Sie selbst bestimmen. Diese Zuständigkeit liegt allein bei Ihnen. Dafür müssen Sie zu allererst wissen, was Sie überhaupt wollen.

Klarheit

Sie müssen in allererster Linie klar sein in Ihrem Wollen. Denn Klarheit ist Macht! Für mich gibt es kaum einen so kurzen, prägnanten, aussagekräftigen und gleichzeitig tiefgehenden Satz wie diesen: Klarheit ist Macht. Klarheit heißt, dass wir unsere Ziele kennen und wissen, was wir wollen. Wenn wir glasklar machtvoll handeln, haben wir die Möglichkeit, etwas zu bewirken, zu beeinflussen und zu bestimmen.

Ziele

In der Praxis sind viele Menschen müde geworden, sich Ziele zu setzen. Zur Jahreswende raffen sich viele noch einmal auf und unternehmen einen neuen Versuch. Dieser hält meist nicht mehr als ein paar Tage oder Wochen an. Ziele setzen – so viele Menschen haben es entweder nie gelernt oder verlernt. Es hört sich fast merkwürdig an, doch mittlerweile gibt es eine Reihe von Menschen, denen eine normale und richtige Zielsetzung nie vorgelebt wurde und die es gar nicht kennen, gesetzte Ziele zu erreichen. Alte Konditionierungen sind schuld daran, dass wir es verlernen; durch das Umfeld oder aber durch eigene Erfahrungen. Für ersteres sind nicht selten Mutter und Vater selbst, gern auch die Pädagogen wie Lehrer und Erzieher verantwortlich, die mit ihren Worten ungewollt Träume zerplatzen lassen: »So wird nie etwas aus dir«, »Das schaffst du sowieso nicht« und »Wenn du nicht still sitzt, kannst du auch kein Pilot werden« und so weiter sind uns allen bekannte Floskeln und Erziehungsmaßnahmen. Damit wird frühzeitig programmiert, dass Ziele zu erreichen, nicht möglich oder nicht attraktiv genug ist.

Eigene Erfahrungen sind vielfach noch massiver: Mehrfach gescheitert zu sein, ist für die meisten Menschen Anlass genug, neue Zielstellungen aufzugeben. Es hat ja sowieso keinen Zweck, sagen sie sich. Und so wird aus der Zielmüdigkeit oft sogar Hoffnungslosigkeit und Unglaube. Die besten Voraussetzungen für dauerhafte Misserfolge. Diese Menschen fühlen sich für ihre eigenen Ziele, ihren eigenen Erfolg nicht zuständig und treffen deswegen auch keine richtigen Entscheidungen im Leben.

Macht

Die Thematik Macht ist für einige Menschen negativ behaftet, da sie oft missbraucht wird. Tatsächlich ist die Macht selbst völlig neutral; bietet sie doch nur völlig wertneutral die Möglichkeit des Einflussnehmens. Die Art des Wirkens, gut oder schlecht, bestimmt der Mächtige selbst. Wenn wir also erst einmal von unserem eigenen Leben ausgehen wollen, dann brauchen wir Macht unbedingt. Es sei denn, es ist uns egal, was wir tun und was mit uns passiert. Wenn wir jedoch Erfolg haben wollen und ein selbstbestimmtes Leben führen möchten, müssen wir in der Lage sein, etwas zu beeinflussen, zu bestimmen und zu bewirken. Ein selbstbestimmtes Leben, was heißt das eigentlich? Es bedeutet, so zu leben, wie wir es gerne hätten. Nicht mehr und nicht weniger. Hierzu ist wiederum die Klarheit vonnöten, also unsere eindeutige Zielsetzung. Sie sehen, eines ist mit dem anderen verbunden und nicht voneinander zu trennen. Ich kann meine Ziele nur erreichen, wenn ich klar genug bin und die Möglichkeit habe, Einfluss zu nehmen. Die Macht bekomme ich jedoch fast automatisch, wenn ich weiß, was ich will. Andererseits ist auch die Klarheit allein noch keine Garantie für den Erfolg, denn sie allein beinhaltet noch kein Handeln – die Umsetzung fehlt. Wenn wir also nicht über ausreichende Klarheit verfügen, können wir unsere echten und wichtigen Zuständigkeiten nicht determinieren und damit auch nicht die richtigen Entscheidungen treffen und aktiv werden.

Überraschungsbesuch einer Fee

Es ist gar nicht so einfach, immer klar zu sein. Nehmen wir an, jetzt, in diesem Augenblick, steht eine wunderschöne junge Dame vor Ihnen. Eine weiße Lichtgestalt, eine zauberhafte Fee, und sie gibt Ihnen die berühmte Möglichkeit, drei Wünsche zu äußern und diese prompt zu erfüllen. Sie haben dreißig Sekunden Zeit, was wünschen Sie sich?

Wie haben Sie geantwortet? Einige von Ihnen haben vielleicht gar keine Wünsche geäußert oder nicht alle drei Wünsche so schnell gefunden und trösten sich nun damit, dass es nur eine Übung war. Bei den anderen könnte ich mir vorstellen, dass die meisten von Ihnen etwa folgende Antworten gegeben haben: Ich will gesund sein. Ich will immer genug Geld haben. Meinen Kindern soll es an nichts fehlen. Unserer Familie soll es gut gehen. Und so weiter ...

Eines wird jedenfalls schnell offenbart: Unsere Klarheit bei der Formulierung dieser Aussagen lässt eindeutig zu wünschen übrig! Und auch, wenn wir dies alles längst wissen und bereits mehrfach konkrete Ziele und Vorgaben entwickelt haben; selbst wenn wir es geschafft haben, eine Weile mal dranzubleiben, uns dies stets vor Augen führten und unsere Wünsche verfeinerten und anpassten, wir haben letztendlich doch immer wieder nachgelassen und die Klarheit verschwimmen lassen. Stets klar zu sein, ist eine Aufgabe, die nicht so leicht ist, wie sie scheint.

Sie selbst bestimmen Glück und Erfolg

Bei vorhandener Klarheit und angewandter Macht kann der Erfolg nur ein logisches Ergebnis sein. Glück und Erfolg sind demzufolge kein Zufall, sondern nur die Wirkung auf die gesetzten Ursachen. Das bedeutet ganz klar: Sie bestimmen Ihren Erfolg selbst!

Und da Erfolg nur das Ergebnis ist, das eben erfolgt, ist es auch nicht immer nur positiv. Wenn Sie also die Ergebnisse verursachen, dann sollten Sie sich genau überlegen, was Sie verursachen wollen. Die Klarheit schärft den Verstand auf die gesetzten Ziele. Fokus ist dafür ein schönes Wort und gibt genau wieder, worum es eigentlich geht: Die Konzentration auf den Punkt. Diese Konzentration bündelt die Kräfte und schafft ungeahnte Stärken, von denen wir kaum zu träumen wagen. Eine Lupe heißt auch deshalb Brennglas, weil Sie mit ihr kinderleicht ein Feuer durch die gebündelten Sonnenstrahlen entfachen können. Aber nur, wenn Sie die Energie auf den Punkt bringen!

Der Fokus bringt Ihnen den gewünschten Erfolg, doch selbstverständlich gibt es auch zeitliche Verzögerungen – das ist nun einmal das Leben. Sie können Wachstum nicht erzwingen und Prozesse nicht wirklich beschleunigen. Deshalb müssen Sie auf die ultimative Wirkung auch etwas warten. Wenn Sie sich gerade mühselig Ihre Ziele erarbeitet haben, sollten Sie nicht schon morgen neue Ziele entdecken. Die Natur ist wie immer ein gutes Vorbild. Pflanzen Sie heute Möhren und entscheiden sich morgen lieber für Kartoffeln und übermorgen für Tomaten, wird vermutlich gar nichts davon zu ernten sein. Sie müssen die Konzentration auf die jeweilige Angelegenheit lenken und mit Vorbereitung und Pflege bei der Sache bleiben. Tomaten sind anders zu behandeln als Möhren. Wie soll das Leben für Sie arbeiten, wenn Sie ständig alles umwerfen?! Sich für ein Ziel zu entscheiden und dann wirklich dranzubleiben, ist eine Ihrer wichtigsten Entscheidungen im Leben.

Sie sind zuständig für Ihr Leben – immer

Es liegt in Ihrer Hand. Sie müssen begreifen, dass nur Sie selbst die Verantwortung für Ihr Leben, Ihren Erfolg und Ihr Glück haben. Machen Sie niemand anderen dafür zuständig als sich selbst. Ihre Zufriedenheit bestimmen Sie, Sie haben diese Macht! Sie müssen sie nur erkennen und die sich daraus ergebenden Möglichkeiten ergreifen. Das Streben nach Glück, das Leben und das Geben werden Ihnen wunderbare Begleiter sein, wenn Sie wissen, was Sie wollen: für sich und für andere!

IHRE MISSION VERANTWORTUNG

Haben Sie schon die notwendige Klarheit gewonnen und wissen, wo genau Sie hin wollen im Leben? Welche Erfolge Sie noch anstreben? Und ist Ihnen auch klar, wer für diese Erfolgsentscheidung und den konsequenten Weg dahin zuständig ist?

Teil 2 –
Der Erfolgsweg der Verantwortung

6.
Die eigene Verantwortung einschätzen – welche Bereiche sind gefragt?

Die Verantwortung für sich selbst ist die Wurzel jeder Verantwortung.

Mong Dsi (327–289 vor Christus), chinesischer Philosoph

Unsere Verantwortung betreffend, bleibt es ein lebenslanger Prozess, das richtige Ausmaß zu finden und zu behalten. Unser Einsatz an Verantwortung und persönlicher Zuständigkeit ist stets neu auszuloten. Zielstellung dabei ist der goldene Mittelweg, der aber sicher nicht immer zu erreichen sein wird. Wieder und wieder werden wir entweder zu viel oder zu wenig Verantwortung übernehmen. Ich kann Ihnen aus eigener Erfahrung versichern, dass es auf diesem Pfad der Verantwortung keineswegs um einen einmal einzuschlagenden, glatten Weg geht, sondern vielmehr um einen Prozess. Einen jener Prozesse des Lebens, die Sie auch immer wieder an den Rand Ihrer Kräfte und Möglichkeiten führen können.

Was immer Sie auf diesem Weg erleben werden, trägt auf jeden Fall zu Ihrer Entwicklung bei. Egal was geschieht, Sie werden als Persönlichkeit wachsen und stärker werden. Das ist wie beim Sport, auch Hochleistungssportler werden nur durch Training stärker, und Training bedeutet nun einmal Belastung. Sie werden also durch die diversen Belastungen, die Ihnen Ihr Leben entgegenschmettert, stärker. Vergessen Sie das bitte nie, wenn es wieder einmal anspruchsvoll wird. Lassen Sie sich nicht entmutigen, wenn es schwierig ist. Selbst habe ich in meinem Leben schon Belastungen erfahren, die ich manchmal nicht mehr zum Aushalten fand – und doch weiß ich sie heute zu schätzen. Ohne diese Momente wäre ich nie im Leben die Person geworden, die ich heute bin. Nur durch diese aus den großen Herausforderungen entstandenen Kräfte darf ich heute ein Leben nach meinen Wünschen und Vorstellungen führen und kann meinen Beitrag leisten. Aus diesen schwierigen Situationen heraus ist auch meine persönliche Mission Verantwortung und meine Entscheidung für den Erfolg entstanden:

Ich will mein glückliches, gesundes und reiches Leben in Liebe und Freiheit mit Spaß und Freude in vollen Zügen genießen, und ich will damit auch Vorbild für andere sein, dies erreichen zu können. Ich möchte andere

Menschen inspirieren, motivieren und animieren, ein solches Leben nach Ihren eigenen Vorstellungen zu führen.

Circle of Life

Unser Leben besteht aus vielen Bereichen, die bei jedem Menschen unterschiedlich aussehen und doch in der Oberfläche gleich sind. Das ist der Circle of Life. Um ein Leben nach unseren Vorstellungen zu gestalten, müssen wir zu allererst die Verantwortung für diese drei Bereiche des Lebens übernehmen:

1. Unser Denken – mentale Stärke
2. Unseren Körper – physische Stärke
3. Unsere Gefühle – emotionale Stärke

Alle eigentlichen Ziele und Wünsche, die Sie hegen und pflegen, sind diesen drei Segmenten nachgeordnet beziehungsweise ergeben sich daraus. Wir müssen uns vorrangig um diese drei Bereiche kümmern – erst dann folgt der Rest.

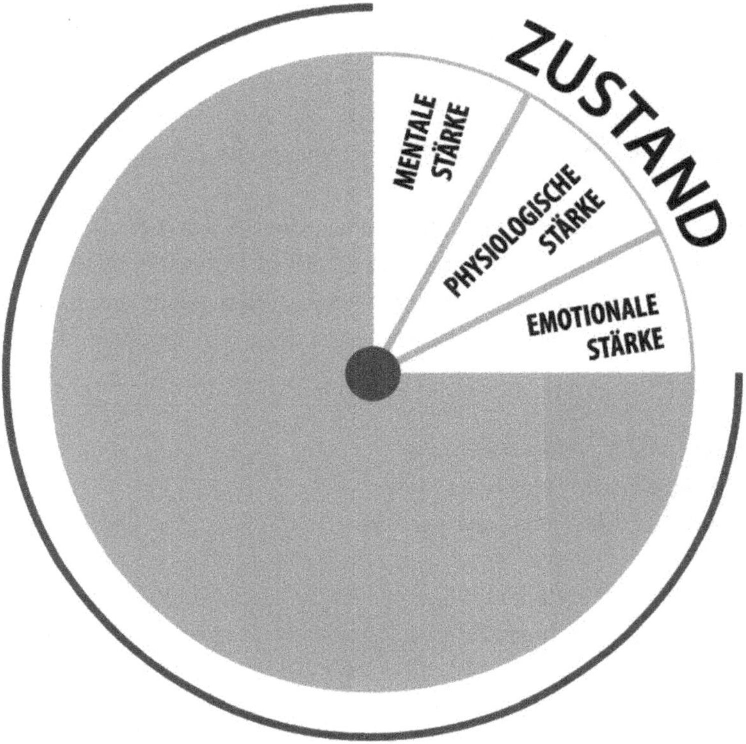

Das erste Viertel des Circle of Life betrifft also unseren Zustand und wird von der mentalen, physischen und emotionalen Stärke dominiert. Diese drei Faktoren entscheiden über alles. Ihr komplettes Leben wird hier gestaltet oder auch nicht gestaltet. Hier findet alles seinen Ursprung. Sie kennen das Gesetz von Ursache und Wirkung. Jede Ursache, die wir setzen, hat eine Wirkung. Jede Wirkung ist in sich wieder Ursache und bringt eine neue Wirkung. An erster Stelle steht dabei der Gedanke.

1. Denken

Beim Denken geht es in diesem Zusammenhang nicht um einen bestimmten Sachverhalt, sondern um den generellen geistigen Zustand, die mentale Stärke. Sehr oft wird auch das Wort Mindset gebraucht. Wie immer Sie es nennen wollen, es geht dabei um Ihren Kopf und das, was darin stattfindet. Unsere Stärke in diesem Bereich entscheidet über viel mehr, als uns bewusst ist. Unser Denken bestimmt unser Leben! Umso wichtiger ist es, dass wir die Verantwortung auch für unsere Gedanken übernehmen. Gestresst, durcheinander und total überlastet haben Sie nicht nur unangenehme Gefühle und eine schlechtere Grundlage als ausgeruht, aufgeräumt und konzentriert, sondern in der Folge auch ganz andere Ergebnisse.

Um es vereinfacht darzustellen, teilen wir Ihr Gehirn in den Verstand, also das Bewusstsein, und das Unterbewusstsein oder Unbewusste. Sie haben längst die Eisberg Theorie zum hundertsten Mal gehört und wissen, dass vermutlich weit mehr als neunzig Prozent aller Gedanken und Vorgänge unbewusst ablaufen. Beliebte Beispiele hierfür sind immer wieder das Erlernen des Autofahrens. Oder diverse körperliche Abläufe. Nachdem Sie einmal gelernt haben, aufzustehen und zu gehen, und es vermutlich mittlerweile mehrere Millionen Male praktiziert haben, brauchen Sie sich aktiv keine Gedanken mehr darüber zu machen, Ihren Fuß in die eine Position und Ihre Hüfte in die andere Position zu begeben. Genauso, wie Sie Ihrem Körper nicht mehr befehlen müssen, zu atmen, brauchen Sie sich um zahlreiche weitere automatisierte Abläufe nicht zu kümmern. Das ist sehr wichtig, denn nur so ist es möglich, den immer anspruchsvolleren Gegebenheiten des Lebens Stand zu halten. Heute laufen im Auto nicht nur Radios und sorgen für zusätzliche Ablenkung in dem immer aufreibender werdenden Straßenverkehr, sondern es werden Telefonate geführt, Nachrichten verfasst und die sozialen Medien besucht. Je mehr Anforderungen auf uns zukommen, desto entscheidender wird die richtige Nutzung aller automatisierten Vorgänge für uns in Zukunft sein. Wir werden konditioniert und konditionieren uns selbst, um uns das Leben zu vereinfachen und zu erleichtern.

Wir sind verantwortlich für das, was wir glauben

Unser Gehirn wird dabei stark geprägt durch Erfahrungen und Botschaften aus unserem Umfeld. Als Kinder bekommen wir bereits Gedanken eingepflanzt, deren Richtigkeit wir nicht überprüfen können. Es sind allesamt gut gemeinte Ratschläge, die uns vor Gefahren schützen und uns das Leben erleichtern sollen. »Fass das nicht an«, »Mach das nicht kaputt«, »Fall da nicht hin« und »Tu dir hier nicht weh« sind typische Beispiele. Später weiten sich diese Konditionierungen auf die Welt und wie wir sie sehen sollen aus. Unsere Eltern zum Beispiel sind der Meinung, dass wir einen guten Schulabschluss benötigen, dass dies oder jenes Studium für uns das richtige ist, sie prägen unsere politische Meinung und geben eventuell sogar die Anforderungen für den geeigneten Partner vor. In der Pubertät lehnen wir uns dagegen auf und wollen meist genau das Gegenteil, um in späteren Jahren dann doch festzustellen, dass alle diese Botschaften auf fruchtbaren Boden fielen. Wir nehmen im Laufe des Lebens nicht nur die Denkweisen, sondern auch die Verhaltensweisen unseres Umfeldes an. Diese Konditionierungen wirken ein Leben lang und geben uns vor, was möglich und was nicht möglich ist. Wir werden natürlich auch ermutigt und angeregt, zu denken. Unser Umfeld motiviert uns, zu prüfen was noch alles möglich ist, uns zu entwickeln und über uns hinauszuwachsen. Aber genau dieses Umfeld kann uns auch beschränken und hemmen.

Wenn wir nun ein eigenverantwortliches Leben nach unseren eigenen Vorstellungen führen wollen, müssen wir uns von diesen Beschränkungen lösen und unser Verhalten und unser Denken selbst übernehmen. Wir müssen dazu aktiv an unseren Gedanken arbeiten. Unser bewusstes Denken und unser Verstand können unser Unbewusstes beeinflussen. So leicht, wie viele Coaches es propagieren, ist es allerdings nicht. Denn wenn wir so leicht an das Unbewusste herankämen, wäre es nicht mehr das Unbewusste. Immer wieder wird in diesem Zusammenhang von Glaubenssätzen gesprochen, die es nur aufzulösen gilt, um sie dann neu zu programmieren. Das, was hier mit Glaubenssätzen gemeint ist, sind Sätze, die wir glauben. Viele Menschen hängen festen Überzeugungen an, die sie ohne Wenn und

Aber glauben. Es gibt zum Beispiel Menschen, die davon überzeugt sind, Glückspilze zu sein, und es gibt andere, die meinen, sie würden das Pech anziehen. Sie sind fest davon überzeugt, doch es fehlt dafür jeder Beweis. Wieder andere meinen, sie könnten keine Sprachen lernen, glauben, unsportlich zu sein, oder halten sich für musikalische Genies. Sie können daran glauben, dass die Welt ungerecht ist oder dass Leute mit einem guten Herzen zu nichts kommen, alle Männer Schweine sind oder es ein Leben nach dem Tod gibt.

Diese Art von Überzeugungen bestimmt unsere Handlungen schon lange bevor wir überhaupt handeln. Wenn Sie der Meinung sind, dass Sie Sprachen nicht lernen können, dann werden Sie auch nicht damit beginnen. Sie werden sogar unbewusst alles dafür tun, um diesen Glauben zu bestätigen. Den ersten Misserfolg werden Sie als Beweis deuten und damit Ihren Glauben noch mehr verstärken. Wenn Sie glauben, dass Sie in Ihrem Alter keine neue Stelle mehr finden, dann werden Sie sich auch nicht bewerben. Wenn Sie aber fest davon überzeugt sind, dass Sie immer etwas finden, weil Sie eine Bereicherung für jeden Arbeitgeber sind, dann gehen Sie ganz anders an die Sache heran. Unser Glaube bestimmt also unser Verhalten. Es liegt immer in Ihrer eigenen Verantwortung, zu entscheiden, was Sie glauben, und es ist dabei von entscheidender Bedeutung, wie ausgeprägt Ihr Glaube ist.

IHRE MISSION VERANTWORTUNG

Was glauben Sie? Und noch wichtiger: Was glauben Sie von sich? Was glauben Sie über Liebe und Partnerschaften? Was glauben Sie über Geld? Was glauben Sie über Zeit? Nehmen Sie sich einen Moment, um diese Fragen wirken zu lassen und überlegen Sie dann, ob Sie in einem oder mehreren dieser Bereiche vielleicht Glaubenssätzen anhängen, die im Leben hinderlich sein könnten.

Schon in der Bibel wird uns gezeigt, welche Kraft der Glauben hat. Sie müssen aber weder an Gott noch an die Kirche glauben, um dies zu erfahren. Sie müssen einfach nur felsenfest an etwas glauben. Unverrückbar, auch wenn es keine Beweise gibt. Die Überzeugung muss so stark sein, dass kein Zweifel am Ergebnis mehr besteht. Manchmal ist unser Glaube jedoch noch nicht ganz so ausgeprägt. Wir haben vielleicht ein paar Bestätigungen erhalten, aber das alles ist noch nicht in Stein gemeißelt. Und dann wieder haben wir so feste Überzeugungen, dass es für uns gar keine andere Option gibt. Dorthin zu gelangen, ist die eigentliche Kunst. In diesem Fall können wir uns nämlich auch vollständig aus der spirituellen Ecke entfernen und vom reinen Denken sprechen. Denn bei näherer Betrachtung ist das, was wir glauben, einfach das, was wir wirklich denken. Das mag komisch klingen, ist aber so. Sie können Ihren Glauben ganz einfach überprüfen, indem Sie sich fragen, wie Sie wirklich darüber denken. Gibt es noch Zweifel, dann sind Sie nicht überzeugt. Wenn Sie nicht vollständig überzeugt sind, glauben Sie nicht wirklich daran.

Das, was Sie wirklich glauben, ist das, was Sie denken.
Das, was Sie denken, ist das, was Sie wirklich glauben.

Unser Erfolg und unsere Ergebnisse sind die Auswirkungen unserer Handlungen. Die Aktivitäten sind die Ursache, der Erfolg ist die Wirkung. Ich spreche an dieser Stelle bewusst nicht von Misserfolg, weil es den ja eigentlich gar nicht gibt. Das Wort Erfolg kommt von »erfolgen, folgen, die Folge« und somit ist der Erfolg einfach ein Ergebnis. Ob es das gewünschte Ergebnis ist, hat damit nichts zu tun. Es ist einfach ein Ergebnis, ein Resultat.

Die Aktivitäten, die wir eben noch als Ursache in Betracht gezogen haben, sind aber auch Wirkung. Sie sind Wirkung auf unser Denken. Unser Denken bestimmt unsere Aktivitäten und unsere Aktivitäten bestimmen unsere Ergebnisse. Jede Ursache hat eine Wirkung und jede Wirkung ist in sich wieder Ursache. Genau deshalb ist es so wichtig, was wir denken.

Eine gedankliche Verjüngungskur

Im Laufe der Jahre musste ich feststellen, dass meine körperliche Frische am Morgen nachließ. Spätestens nach meinem schweren Unfall in 2013, von dem Sie später noch mehr erfahren werden, waren es nicht nur besondere sportliche Aktivitäten, die mir nach dem Aufwachen Schmerzen bereiteten. Mein allgemeiner körperlicher Zustand ließ von Jahr zu Jahr mehr zu wünschen übrig, obwohl ich noch keine fünfzig Jahre alt war. Mal tat mir die Schulter, mal der Rücken, mal das Genick und mal taten die Beine weh. Irgendetwas war es immer. Ähnlich ging es meiner Frau. »Wir werden halt alt«, jammerten wir düster. Aber wie sollte es dann werden, wenn wir erst siebzig oder achtzig Jahre alt wären? Bei den heutigen medizinischen Möglichkeiten ist es gar nicht so unwahrscheinlich, dass wir hundert Jahre alt werden. Dann hätten wir jetzt noch nicht einmal die Hälfte des Lebens gelebt! Was wäre, wenn wir wirklich so alt würden, sollten wir die nächsten fünfzig Jahre nur noch jammern und von körperlichen Schmerzen des Älterwerdens geplagt sein? Diese Gedanken störten mich, und eines Tages beschloss ich, sie zu ändern.

Meinen körperlichen Zustand hatte ich in den letzten Jahren durch mehr Sport bereits verbessert, also mussten nun zusätzlich die geistigen Kräfte bemüht werden. Ich beschloss, mich fortan nicht mehr darauf zu fokussieren, schon so alt zu sein. »Ich bin jung genug und in bestem Zustand« wurde meine neue Devise, die ich nun in mein Gehirn pflanzte. Ich habe eine Menge Erfahrung im Umdenken, insofern gelang es mir durch verschiedene Übungen tatsächlich in kürzester Zeit, neu zu glauben und eine völlig neue körperliche Ebene zu erreichen. Ich fühlte mich nicht nur viel besser, es ging mir tatsächlich viel besser! Ich hatte innerhalb weniger Wochen ein völlig neues Körpergefühl hergestellt, so ganz nebenbei meine Ernährung optimiert, meine Bewegungen und sportlichen Aktivitäten geändert, hatte viel mehr Energie, Geschmeidigkeit, Ausdauer und sogar Schnelligkeit erlangt. Anschließend habe ich meine Frau ebenfalls zum Umdenken bewegt – und nun jammern wir auch nicht mehr im Kollektiv, sondern fühlen uns wieder sehr wohl und sind in bestem Zustand. Wir sind natürlich nicht effektiv an Jahren jünger geworden, aber gefühlt eben doch. Unserer persönlichen Verantwortung für unsere Gesundheit und unseren Körper noch gerechter zu werden, hat sich in jedem Fall gelohnt.

IHRE MISSION VERANTWORTUNG
Wir haben die Wahl, was wir glauben wollen! Unser Glaube ist unser Denken, und unser Denken hat massiven Einfluss auf unser Leben. Wir tragen die Verantwortung für unser Leben, also haben wir auch die Verantwortung für unser Denken.

2. Unsere Physiologie

Der zweite entscheidende Faktor für unser Leben ist unser körperlicher Zustand. Unsere Gesundheit. Es geht dabei um einen reibungslosen Ablauf unseres Organismus und der daraus resultierenden Lebensenergie. Mit Energie meine ich hier nicht das aufgezogen hüpfende Duracell Häschen, sondern einen gut versorgten Körper, der den ganzen Tag über voller Saft und Kraft zur Verfügung steht. Wenn wir von Müdigkeit geplagt sind, mit Konzentrationsschwächen oder Schmerzen kämpfen müssen, unbeweglich sind oder keine Luft, Kraft oder Ausdauer haben, dann fühlen wir uns nicht wohl und sind nicht leistungsfähig. Wie sollen wir aber ein glückliches Leben führen und unserer Verantwortung für alles gerecht werden, wenn wir nicht unsere volle Leistungskraft entfalten können?!

Wir sind aufgerufen, uns ausreichend um unseren Körper zu kümmern. Niemand anderes als wir selbst ist dafür zuständig! Wir brauchen ihn ein ganzes Leben lang. Speziell, wenn wir »befürchten« müssen, sehr alt zu werden, dann sollten wir schon heute die Verantwortung für unsere Gesundheit und unser Wohlbefinden im Morgen übernehmen.

Im normalen Alltag haben wir uns die flache Atmung über den Brustraum angewöhnt. Wir sollten uns daran erinnern, mehrfach am Tag ganz bewusst über den Bauch tief ein- und auszuatmen und uns vor allem an die frische Luft zu begeben. Jede Zelle unseres Körpers braucht Sauerstoff. Ich verbinde diese Momente gern mit kleinen Pausen der Achtsamkeit und richte mich neu aus. Das wirkt wahre Wunder! Vor lauter Kaffee, Säften, Cola, Bier und Wein vergessen wir oft, genug Wasser zu uns zu nehmen. Als Erwachsener besteht unser Körper aus circa fünfundsechzig Prozent Wasser, und unsere Zellen brauchen es zur Ernährung, zum Zellstoffwechsel und zum Abtransport der Abfallstoffe, also zur Müllabfuhr. Wenn wir nicht vermüllt und krank werden wollen, sollten wir darauf achten, dass wir täglich genügend Wasser trinken und mit unserer Nahrung aufnehmen. Fette zum Beispiel haben einen so schlechten Ruf bekommen, dass jeder sie meiden will. Sie sind aber Energielieferant und von großer Bedeutung für eine gesunde Entwicklung. Gute Fette verbessern das Blut, haben positive Auswirkungen auf das Immunsystem und sind bedeutend für Wachstum und Regeneration der Zellen. Sie wirken entzündungshemmend und tragen dazu bei, die Regeneration zu beschleunigen.

Natürlich ist es auch wichtig, dass der Körper mit allem versorgt wird, was er braucht, ohne überlastet zu werden. Dazu zählen Kohlehydrate, Eiweiß, Fett, Vitamine, Mineralstoffe und Spurenelemente. Gerade Letztere meinen wir heute leider einfach mit einer Pille ausgleichen zu können. Natürlich müssen wir auch darauf achtgeben, von den einzelnen Kategorien nicht zu wenig oder zu viel zu uns zu nehmen. Die heutige Fülle kann der Körper nicht mehr abbauen und muss bunkern. Das tut uns nicht gut, wir sind matt und müde, denn unser Körper braucht seine Energie dann für sich selbst.

Oft bewegen wir uns auch zu wenig. Bewegung bringt im Körper verschiedene Prozesse in Gang und Schwung in unser Leben. Sport mobilisiert Abwehrzellen und beeinflusst das Immunsystem, Bewegung hinterlässt Spuren – auch im Erbgut. Regelmäßiges Training modifiziert viele Gene.

Krafttraining aktiviert Stoffwechselvorgänge und wirkt entzündungshemmend. Alles spricht also dafür, dass auch Sie sich für Bewegung und Sport entscheiden. Aber wir müssen auch auf den Ausgleich achten. Sich entspannen bedeutet, physische und psychische Anspannung aufzulösen und ist förderlich für Höchstleistungen, egal ob für körperliche, konzentrative, kreative oder effektive Arbeit. Eine Anspannung der Muskulatur steht immer im Zusammenhang mit innerer Unruhe, Stress oder Angst. Wichtig bei diesen Prozessen ist dabei das Wechselspiel zwischen Körper und Geist. Jede körperliche Entspannung hat zur Folge, dass auch die Seele zunehmend ruhiger und entspannter wird. Sorgen Sie also für regelmäßige Ruhe und Entspannung, Ihr Körper und Ihre Seele werden es Ihnen danken. Ich beachte alle diese Bereiche und habe damit nicht nur die Verantwortung für meine Gesundheit übernommen, sondern vor allem meine Energie und mein Wohlbefinden deutlich gesteigert.

Auch Sie sind als der Besitzer Ihres Lebens für jeden einzelnen dieser Bereiche verantwortlich und steuern damit Ihr Wohlbefinden und Ihren körperlichen Zustand. Eigentlich brauchen Sie gar nicht viel mehr zu machen, als aufzuhören, ständig den Organismus zu stören und zu verstören. Wir brauchen soviel weniger, als in unserer heutigen westlichen Welt auf uns einprasselt. Wir brauchen nicht ständig zu essen, wer sich zum Beispiel schon einmal durch eine Fastenkur gereinigt hat, wird erstaunt feststellen, wie wenig Schlaf plötzlich zur Erholung nötig ist. Wir bringen unseren Körper mit vielen Dingen ins Ungleichgewicht und wundern uns dann, wenn wir dem Leben kaum standhalten können oder uns über kurz oder lang Krankheiten heimsuchen. Krankheiten sind direktes Ergebnis dieses Ungleichgewichts und der Störungen, und wir müssen sie weniger als Warnung, sondern als Heilung verstehen, denn für eine Warnung ist es ja bereits zu spät. Ihr körperlicher Zustand bringt Ihnen Energie oder kostet Sie Energie. Wie wollen Sie kleine oder gar große Ziele erreichen, wenn Sie all die Energie für Ihren Körper benötigen?!

Sie entscheiden selbst, in welchem körperlichen Zustand Sie sich befinden. Wollen Sie topfit und voller Schöpferkraft Ihre Träume verwirklichen oder auf Sparflamme Ihrer Leistungsmöglichkeiten durchs Leben schleichen? Sie müssen dazu ihre bisherige Lebensweise nicht völlig auf den Kopf stellen. Denn Sie können schon mit kleinen Veränderungen große Verbesserungen erreichen.

> *IHRE MISSION VERANTWORTUNG*
> ***In welcher Kategorie sehen Sie noch deutliche Potenziale für sich und Ihre Gesundheit? Was können Sie verbessern, um sich sofort fitter und gesünder zu fühlen? Was wollen Sie verändern, um heute bereits der Verantwortung für Ihren morgigen Zustand gerecht zu werden?***

3. Emotionaler Zustand

Unsere Gefühle sind das Ergebnis unserer Gedanken und unserer körperlichen Verfassung. Doch unsere Emotionen werden auch von außen beeinflusst, mal stärker, mal weniger stark. Es ist sicher nicht notwendig, die Gefühle immer auf gute Laune zu stellen, doch die Möglichkeit, die eigenen Gefühle zu steuern, ist einer der wesentlichen Faktoren für ein glückliches Leben. Sie können noch so viele Erfolge feiern, Milliarden von Euros besitzen und den besten und liebevollsten Partner an Ihrer Seite haben, wenn Sie Ihre Gefühle nicht im Griff haben, wird Ihnen all das nichts nützen. Sie müssen Ihre Gefühle leben können. Zuerst einmal sollten Sie sich darüber klar werden, dass jedes Gefühl, das Sie gerade haben mögen, in Ordnung ist.

Vor kurzem durfte ich einem Selbstverteidigungskurs für Kinder beiwohnen, in dem nicht etwa großartige Kampftechniken das Hauptthema waren, sondern die Einschätzung von Situationen. Die Gründerin der Kurse #StarkeKinder des SC Empi e.V., Melissa Emperhoff, hat es sich zur Aufgabe gemacht, Kindern die Aufmerksamkeit für ihre Gefühle wiederzugeben. Sie stellte in ihrer Vergangenheit immer wieder fest, dass so viele ihrer Freunde und Bekannten kein Selbstwertgefühl hatten. Heute lernen Kinder bei ihr, auf ihr Bauchgefühl zu hören und zu vertrauen, sowie sich dementsprechend zu verhalten. Das Training war höchst interessant, Kinder sind zwar noch lange nicht so verkopft wie wir Erwachsenen, sie hatten aber doch einige Schwierigkeiten, an ihre Gefühle heranzukommen. Die Kinder machten vor allem große Augen, als sie erfuhren, dass alle Gefühle in Ordnung sind und jeder zu ein und derselben Situation andere Gefühle haben kann. Noch verwunderter schienen sie, als sie erkannten, dass alle Gefühle, so unterschiedlich sie auch sein mochten, richtig waren. Wo ein Kind bereits ein mulmiges Gefühl hatte, fühlte sich ein anderes noch wohl. Wir können alles fühlen, und es ist immer richtig. Für uns. Unser Umfeld kann zu der gleichen Angelegenheit etwas ganz anderes fühlen, und es ist auch immer richtig. Für eben diese Personen.

Alle Gefühle annehmen

Wir wollen törichterweise nur gute Gefühle wie Freude, Liebe, Lust empfinden und meinen, Angst, Traurigkeit und Frust wären zu vermeiden. Aber warum? Die Welt besteht aus Polarität, die Wärme wäre ohne die Kälte und der Spaß ohne die Ernsthaftigkeit wertlos. Wir dürfen und können auch deprimiert sein, das ist kein Drama! Einzig und allein übermäßig und dauerhaft darin zu verharren, das wäre ein Problem. Unsere Aufgabe ist also vielmehr darin zu suchen, unsere bestehenden Gefühle zu lieben, zu nutzen und aus ihnen zu lernen. Denn entscheidend für Ihr Glück ist, dass Sie es auch empfinden.

Sie dürfen auch Freude empfinden, wenn Dinge mal nicht so funktionieren. Mein Umfeld ist immer wieder verwundert, dass ich mich selbst nicht so ernst nehme und manchmal nicht nur sehr kritisch mit mir bin, sondern auch herzhaft über meine Dummheit lachen kann und keinen Hehl daraus mache. Wer sagt denn, dass nur Erfolg Spaß machen darf?!

Wir haben alle schon vor langer Zeit den Fehler gemacht, uns nur noch auf den Kopf zu verlassen und unsere Wahrnehmung damit stark eingeschränkt. Sie wittern und fühlen auch heute noch Gefahr oder Ärger, nicht wahr? Dinge fühlen sich richtig an, obwohl der Verstand etwas anderes sagt? Wenn wir ein zufriedenes Leben führen wollen, sollten wir alle wieder lernen, auch diesen instinktiven Kanal zu bedienen. Das ganze Leben besteht aus Emotionen, und ein Leben ohne Gefühle wäre nicht halb so schön. Dabei dürfen wir niemals vergessen, dass wir erlernen können, unseren emotionalen Zustand von einem negativen in einen positiven zu verändern.

Ebenso können wir lernen, unsere Emotionen nicht zu sehr vom Außen leiten zu lassen. Wenn Ihre Stimmung vom Wetter, der Laune des Arbeitskollegen oder den Nachrichten auf der Welt abhängig ist, werden Sie kein selbstbestimmtes Leben führen können. Wir müssen die Verantwortung für unsere Gefühle jederzeit übernehmen. Daran führt kein Weg vorbei.

IHRE MISSION VERANTWORTUNG

Überlegen Sie doch einmal, ob und inwieweit Sie Ihre Gefühle im Griff haben? Schwanken Sie emotional wie ein Blatt im Wind oder zeichnen Sie sich durch eine hohe emotionale Stabilität aus, sodass Sie nichts so schnell aus der Bahn wirft? Ist es Ihnen möglich, Ihre Emotionen zu verändern und positiv auf diese einzuwirken? Und vor allem: Wie möchten Sie sich denn langfristig fühlen?

Anders denken, anders fühlen

Diese drei wichtigen Segmente Geist, Körper und Gefühle sind eng miteinander verknüpft und beeinflussen sich gegenseitig. Sie können dadurch jederzeit Ihre aktuellen Gedanken unterbrechen, sich andere Fragen stellen und damit Ihre Gedanken verändern. Das führt sofort zu veränderten Gefühlen und einer veränderten Physiologie. Probieren Sie doch einmal, Ihre Schultern hängen zu lassen, den Kopf zu senken und nach unten zu sehen. Sie werden von einem Moment auf den anderen eher traurig und deprimiert sein. Diese Haltung bringt das einfach mit sich. Im Umkehrschluss können Sie nicht mit breiter Brust und tief atmend nach oben schauen und gleichzeitig deprimiert sein! Sie entscheiden durch Ihre Haltung also selbst, was Sie denken und fühlen.

Circle of Life, zweites Viertel

Dieses Viertel betrifft den Bereich unserer Beziehungen.

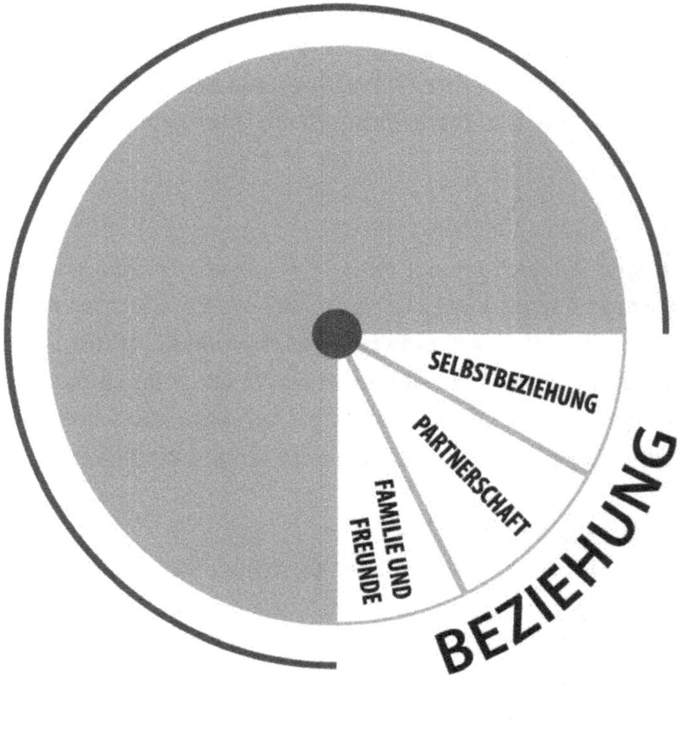

Dieses Feld ist viel größer als die meisten Menschen auf Anhieb meinen. Viele denken dabei nur an die Liebe und den Traumpartner. Natürlich, wir alle brauchen Zuneigung und Liebe, aber haben neben ihr eben auch zahlreiche andere vielschichtige Verbindungen, die wir nicht alle einzeln behandeln können. Alle diese Verbindungen sind ein Teil unserer Verantwortung. Interessanterweise beginnen wir hier auch den Raum der Selbstverantwortung zu verlassen und betreten ein Terrain, in dem wir Verantwortungen für andere übernehmen, aber auch andere die Verantwortung für uns übernehmen.

Selbstliebe

Es liegt in Ihrer Verantwortung, sich selbst zu lieben! Das hat mit Narzissmus nichts zu tun, sondern ausschließlich mit dem Gefühl der Verbundenheit und Wertschätzung zu sich selbst. Sich zu lieben, heißt sich zu achten, zu respektieren und sich Fehler zu verzeihen. Es heißt aber auch, sich gut um sich selbst zu kümmern, seelisch wie körperlich und sich Aufmerksamkeit, Beachtung und Anerkennung zukommen zu lassen. Selbstliebe hat etwas mit Selbstwert und Selbstvertrauen zu tun, denn Sie müssen Ihren eigenen Wert kennen, ihn schätzen und sich selbst vertrauen. Viele Menschen vertrauen sich selbst nicht, erwarten es aber von anderen. Das ist keine besonders gute Grundlage. Natürlich sollen wir nicht selbstgerecht auf der Erfüllung aller unserer Bedürfnisse bestehen, aber wir dürfen uns um uns kümmern und dafür sorgen, dass es uns gut geht.

Partnerschaft

Zweifellos ist die Partnerschaft einer der wichtigsten und prägendsten Bereiche unseres Lebens. Egal, ob Lebensgemeinschaft, Ehe, oder auch nur wechselnde Lebensabschnittsgefährten, sie sind unsere Verbündeten und gleichzeitig Sparringspartner. Im Normalfall verbringen wir viel Zeit mit ihnen, und auch wenn nicht, nehmen unsere Partner energetisch viel Raum ein. Da wir geliebt sein wollen, stellen wir uns selbstverständlich auf den Partner ein. In diesem Zusammenhang gehen wir manchmal Kompromisse ein, die uns zu weit von unserer eigenen Persönlichkeit entfernen. Wir sind uns aus Liebe oft der Verantwortung uns selbst gegenüber nicht mehr bewusst und überschreiten hier Grenzen, die wir besser intakt halten sollten.

Liebe bedeutet nicht nur, geliebt zu werden, sondern auch zu lieben. Wir wollen dem anderen Gutes tun, wollen für ihn da sein und ihn glücklich machen. Wir wollen das Gefühl von Verbundenheit und Nähe spüren. Und im gegenseitigen Flow sein. Liebe bringt uns in höhere Sphären und lässt uns über uns hinauswachsen. Sie kann uns aber auch verletzen und heftigste Schmerzen zufügen. Manchmal sind Partnerschaften aber auch sehr weit entfernt von Liebe. Vom finanziellen Deal innerhalb einer Ehegemeinschaft über Freundschaft mit gewissen Vorzügen bis hin zu extrem destruktiven Gemeinschaften gibt es alle Varianten. In welcher Partnerschaft wir auch immer stecken, wir sind verantwortlich für unser eigenes Wohlergehen und das unseres Partners. Die Gratwanderung besteht darin, stets genau zu schauen, was uns selbst glücklich macht, ohne dieses Glück auf Kosten des Partners zu erreichen, sich aber auch nicht für das Glück des Partners aufzuopfern. Grundvoraussetzung dafür ist, dass beide Partner dies erkennen und ihren respektiven Verantwortungen maßvoll nachkommen.

Familie und Freunde

Ein wirklich glückliches und zufriedenstellendes Leben ist nur im Miteinander möglich, also in der Gemeinschaft, denn wir als menschliche Wesen brauchen einander. Unser tägliches Umfeld hat dabei großen Einfluss auf uns, unser Denken und unsere Aktivitäten und Erfahrungen. So wie in Kindertagen unsere Eltern und Geschwister einen massiven Einfluss auf uns als Heranwachsende ausübten, so prägen auch unsere Freunde und Familien im täglichen Miteinander unsere Persönlichkeit. Deshalb müssen wir sehr genau hinschauen, mit wem wir uns umgeben, wenn wir ein selbstbestimmtes Leben führen möchten. Wir alle kopieren menschliches Verhalten und passen uns an unser Umfeld an, ganz automatisch und völlig unbewusst. Deswegen sollten Sie regelmäßig prüfen, ob Ihr engeres Umfeld förderlich für Ihre Pläne, Ziele, Träume und Wünsche ist oder vielleicht manchmal sogar hinderlich. Vergessen Sie niemals: Sie werden langfristig so wie die Menschen, mit denen Sie sich täglich umgeben.

Sie sind in der Verantwortung für Ihre Familie und Ihre Freunde, doch Sie sind auch in der Verantwortung sich selbst gegenüber. Es ist wichtig, sich die richtigen Freunde zu suchen; mit Interessen, Entwicklungen und Ausrichtungen, die Ihren Werten entsprechen. Suchen Sie nach der Umgebung, die Sie inspiriert und animiert, aber auch fordert. Geben Sie sich nicht zufrieden mit dem, was bequem verfügbar ist, sondern wählen Sie bewusst.

> *IHRE MISSION VERANTWORTUNG*
> ***Mit wem umgeben Sie sich? Mit wem verbringen Sie Ihre Zeit? Können Sie von Ihren Freunden etwas lernen? Können Ihre Freunde etwas von Ihnen lernen? Bewegen Sie gemeinsam etwas? Laden Ihre Freunde Sie zu weiterem Wachstum ein?***

Fremde

Nun kommen wir an den Punkt, an dem viele Menschen völlig auf Durchzug schalten wollen. »Was habe ich denn mit den fremden Menschen zu tun?«, höre ich dann. Viel mehr als Sie denken! Wenn Sie wüssten, dass der junge Mann mit der Flasche Schnaps auf dem Bürgersteig der anderen Straßenseite Ihr Neffe ist, wie würden Sie dann über ihn denken. Würden Sie eine andere Sicht auf ihn haben? Würden Sie ihm helfen wollen? Wir sind schließlich eine Gemeinschaft von Menschen hier auf diesem Planeten und – wie weit die anderen Personen auch entfernt zu sein scheinen – wir sind alle eins. Wir wissen nicht, wen wir morgen wieder treffen, wir haben keine Ahnung, mit wem wir wirklich irgendwie verwandt sind und wir selbst brauchen die Hilfe und Unterstützung anderer Menschen ebenso. Wir tun gut daran, anderen Menschen mit Respekt und Wohlwollen zu begegnen, und wenn es nur für unseren eigenen Selbstwert ist. Wir sollten Leute so behandeln, wie wir selbst behandelt werden möchten und versuchen, Verständnis für unterschiedliche Situationen zu entwickeln.

Pflegen Sie bitte all diese Segmente und übernehmen Sie für sich und Ihre Liebsten und dort, wo es erforderlich ist, auch für Fremde, die Verantwortung. Ich bin sicher, Sie werden dafür belohnt, Aufmerksamkeit und Zuneigung, Selbstliebe und Stärke, Vertrauen und Liebe, sind nur einige der Gewinne, die Sie aus Ihrem verantwortungsvollen Einsatz im Bereich Beziehungen ziehen können.

Circle of Life, drittes Viertel

Dieser Bereich beinhaltet die Ressourcen Zeit, Geld und Arbeit.

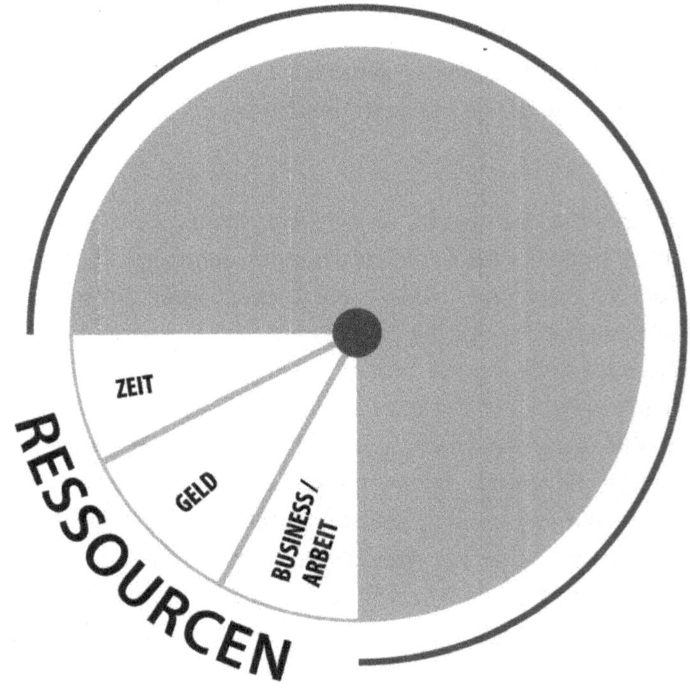

Zeit ist heute meist das knappste Gut des Menschen. Die finanzielle Situation in Bezug auf das reale Nettoeinkommen der Menschen hat sich in den vergangenen zwanzig Jahren eher verschlechtert und so haben nicht wenige heute mehrere Jobs, müssen trotzdem noch den Haushalt schmeißen und sollen sich nebenbei weiterbilden, fit und gesund halten, sich rührend um den Partner kümmern, Freundschaften, Hobbys und soziale Engagements pflegen. Wenn dann noch Kinder kommen, stellt sich häufig die Frage, wie das alles überhaupt gehen soll. Es ist höchst anspruchsvoll geworden, allen Anforderungen gerecht zu werden und gleichzeitig noch genug Zeit für sich zu haben. Wir verschieben so vieles auf morgen und übermorgen, doch wir verdrängen dabei, dass unsere Lebenszeit begrenzt ist. Gut und selbstbestimmt mit Ihrer eigenen Zeit umzugehen, ist eine der wichtigsten Verantwortungen, die Sie haben.

Geld ist in unserem Wirtschaftsleben unverzichtbar und steht als Sinnbild für Erfolg. Jeder, der die Wichtigkeit von Geld herunterspielt, hat vermutlich keines und versucht sich damit zu erklären. Sie können in unserem System ohne Geld nun einmal nicht existieren. Wir alle haben viele Bedürfnisse und brauchen das Gefühl von Sicherheit. Wir möchten unsere Wünsche erfüllen, ein Leben nach unseren Vorstellungen führen und frei entscheiden können. Sogar wenn wir für uns selbst nichts benötigen und uns andere wichtiger sind, brauchen wir Geld, um den Armen und Benachteiligten, der Umwelt oder auch den Tieren helfen zu können. Geld kann uns im übertragenen Sinn natürlich auch Zeit schenken, denn wenn Sie ein Vermögen hätten, was für Ihre benötigten Einkünfte des Lebens ausreicht, könnten Sie den lieben langen Tag machen, was Sie wollen. Ihr Einkommen wird entweder aus Geld oder aus Zeit generiert. So einfach ist das. Ob Sie viel oder wenig Geld brauchen beziehungsweise haben wollen, entscheiden Sie selbst. In jedem Fall aber müssen Sie die Verantwortung für Ihre Finanzen übernehmen. Sie brauchen Ordnung und Klarheit in diesem wichtigen Bereich und können da eine Menge erreichen, wenn Sie es wollen. Unser freies Land bietet mit seinem Finanzsystem einige Hürden und Fallen, aber eben auch alle Möglichkeiten. Niemand sagt, dass es einfach ist, schnell oder gar ohne Einsatz geht. Aber es liegt in Ihrer Hand – Sie entscheiden, was Sie daraus machen.

Arbeit ist ein sehr weiter Begriff. Egal, ob Sie angestellt sind oder in Ihrem eigenen Unternehmen arbeiten, Sie verbringen einen Großteil Ihres Lebens mit Arbeit. Es wäre also ratsam, wenn Sie in diesen acht, zehn oder bei manchen Menschen auch noch mehr Stunden etwas Spaß hätten. Vergessen Sie nicht: Sie verbringen mehr als die Hälfte Ihres Wachzustands mit Arbeit! Es empfiehlt sich also, eine Tätigkeit zu wählen, die Sie wirklich erfüllt. Verstehen Sie mich bitte richtig: Es kann nicht immer alles Spaß machen, aber die Freude des Schaffens muss insgesamt überwiegen.

Auch sollte Ihnen klar sein, dass eine einmal gewählte berufliche Richtung nicht für immer gültig sein muss. Was heute für Sie spannend und erfüllend ist, muss morgen nicht mehr so sein. Sie können in Ihrem Arbeitsleben durchaus mehrfach die Richtung wechseln. Die heutigen Generationen kommen mit einem erlernten Beruf ohnehin nicht mehr aus, sie werden ihr gesamtes Arbeitsleben dafür verantwortlich sein, sich immer auf dem jetzt passenden Karrierepfad zu befinden.

Ich selbst finde es großartig etwas zu starten, was ich noch niemals gemacht habe. Mir macht Abwechslung eben Spaß, ich brauche sie geradezu. Also ist es auch meine wichtige Verantwortung mir gegenüber, in diesem Bereich immer für neue Optionen zu sorgen. Aus diesem Grund habe ich von der Autovermietung über Bau, Büroservice, Callcenter, Finanzdienstleistungen, Immobilienmakler, Hausverwaltung, Projektentwicklung, Spedition, Trainings und Seminare, Unternehmensberatung, Vermögensverwaltung und Werbung schon sehr vieles gemacht. Sie müssen nicht zum Tausendsassa mutieren, wie mich ein Freund mal so liebevoll nannte, aber vielleicht bringt Ihnen Abwechslung auch im kleineren Rahmen durchaus etwas Freude ins (Arbeits-)Leben.

IHRE MISSION VERANTWORTUNG

Sind Sie mit Ihrer beruflichen Tätigkeit rundum zufrieden? Was lieben Sie daran? Gibt es etwas, das Sie stört? Wie könnten Sie sich diese Aufgabe verschönern? Wie gerne gehen Sie am Montag wieder zur Arbeit? Wenn Sie sich noch einmal neu für einen Beruf entscheiden könnten, was würden Sie gerne tun oder leisten? Sich im Beruf wirklich wohl und berufen zu fühlen, auch das gehört zum großen Bereich der Verantwortung für uns selbst nun einmal dazu.

Circle of Life, viertes Viertel

Kommen wir nun zum letzten Viertel des Circle of Life: Der Ausrichtung. Der richtige Sinn macht das Leben erst wertvoll!

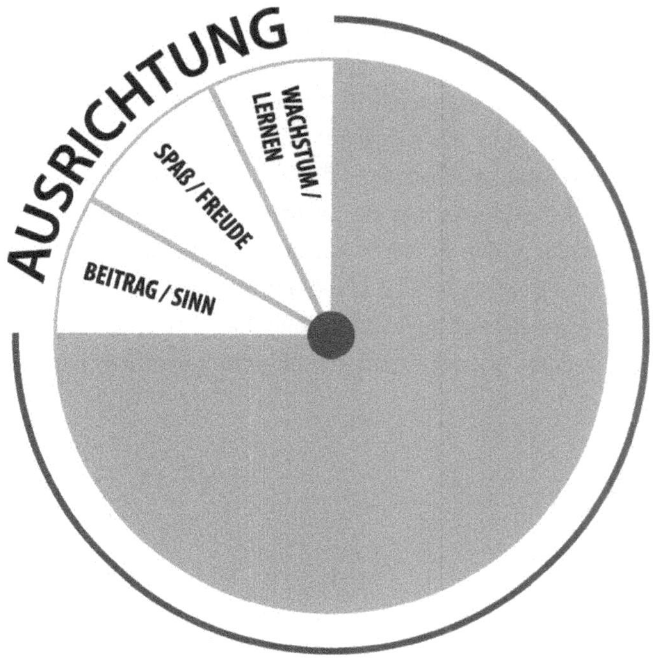

Wir alle brauchen Spaß und Freude im Leben. Diese Attribute sind bei manchen Leuten etwas verkümmert, das bringt schon unsere deutsche Kultur mit sich. Sie tragen die Verantwortung für Ihr Glück, also müssen Sie auch dafür sorgen, regelmäßig Freude zu empfinden. Sie sollten dazu genau wissen, was Ihnen Spaß macht und sich auch aktiv darum kümmern, den Spaß und die Freude immer wieder in Ihr Leben einzuladen.

Fehlende Freude kann gefährlich sein

Ich habe eine Weile ein Doppelleben geführt, Sie haben davon in der Einleitung erfahren. Heute weiß ich, dass mich unter anderem die fehlende Freude in die Sucht getrieben hat. Ich brauche nun einmal Abwechslung und Abenteuer. Ich liebe es, meine Komfortzone zu verlassen und Neues auszuprobieren. Ich mag es, mit vielen völlig fremden Menschen zu kommunizieren, ihre Lebens-, Sicht- und Denkweisen kennenzulernen und neue Freundschaften zu schließen. All dies gab es in meinem normalen Leben nicht genug. Meine damaligen Ausflüge waren ein Weg, mir diesen Spaß zu ermöglichen. Hätte ich rechtzeitig erkannt, was mich antrieb, wäre es vermutlich nie so weit gekommen, denn ich hätte Alternativen finden können. Heute kann ich diese Freuden durch zahlreiche gesunde Dinge bekommen, und ich sorge gut für mich. Natürlich ist dabei auch nicht immer alles im vernünftigen Rahmen, aber so bin ich eben – extrem. Ich mag diese Art zu leben und sie bereitet mir Freude, warum sollte ich es also anders machen? Die Vernunft hat mich in die Sucht und in die Opferrolle getrieben – das ist für mich keine Option mehr. Ich habe also erkannt, was ich in diesem Bereich meines persönlichen Circle of Life brauche, lebe danach und komme meiner Verantwortung mir gegenüber nach.

IHRE MISSION VERANTWORTUNG

Sind Sie sich eigentlich darüber bewusst, was Ihnen im Leben so richtig Spaß macht? Was Sie von Grund auf erfreut? Gibt es Dinge, die Ihnen wirklich am Herzen liegen, die aber in der letzten Zeit vielleicht zu kurz kamen? Sollte dies der Fall sein, planen Sie für die Zukunft am besten mehr von Ihren freudvollen Aktivitäten ein. Wann fangen Sie damit an?

Verantwortungsbaustein persönliches Wachstum

Persönliches Wachstum ist ein Naturgesetz. Wir alle verändern uns – die Frage ist nur, in welche Richtung und wie schnell. Älter werden Sie sowieso, ob Sie dabei erfahrener und klüger werden, entscheiden Sie selbst. Sie entscheiden auch, ob Sie im Leben ständig etwas dazulernen oder sich Neuem verschließen wollen. Sie bestimmen die Richtung Ihres zukünftigen Lebens oder überlassen Ihre weitere Entwicklung dem Zufall. Das kann riskant sein. Wenn Sie Glück haben, ist die zufällige Richtung gut für Sie, wenn Sie Pech haben, nicht. Wollen Sie Ihr Leben wirklich dem Zufall überlassen? Würden Sie es am Roulette-Tisch auf Rot oder Schwarz setzen? Vermutlich nicht, also bitte, übernehmen Sie auch die Verantwortung für Ihre persönliche Entwicklung. Es gibt im Prinzip keinen Stillstand, folglich tun wir gut daran, ständig dazuzulernen. Eines meiner Mottos ist »lebenslanges Lernen«, denn ich möchte besser und besser werden.

Ich wünsche Ihnen und mir, bis zum Ende des Lebens geistig voll beweglich zu sein. Daher gibt es eigentlich auch gar keine Alternative zur Weiterbildung. Wir hören es immer wieder: Lesen Sie Bücher, hören Sie Audios, besuchen Sie Workshops und Seminare. Ich möchte es gerne ergänzen: Umgeben Sie sich möglichst viel und oft mit Menschen, die es schon besser können und unterhalten Sie sich. Stellen Sie Fragen an Leute, die schon dort sind, wohin Sie gerne möchten. Kommunizieren Sie sinnvoll neugierig und denken Sie stets an Ihre persönliche Entwicklung.

Sollten Schwierigkeiten, Probleme und Herausforderungen in Ihrem Leben auftreten, gibt es immer nur zwei Möglichkeiten: Sie können daran wachsen oder daran zerbrechen! Es gibt keine andere Alternative. Wofür wollen Sie sich entscheiden?

Ohne Sinn ist alles nichts

Damit sind wir auch schon beim letzten Thema dieses Kapitels, dem Sinn. Wenn Sie einen Lebenssinn gefunden haben, wissen Sie, wofür Sie leben und wofür Ihr Leben steht. Das gibt Ihnen eine unerschütterliche Haltung und Einstellung, und egal was in Ihrem Leben geschieht, es wird nicht an Ihren Grundfesten rütteln und Ihre Richtung nicht verändern. Es sind die Ziele, die ein Leben bestimmen, aber vor allem, warum wir diese Ziele erreichen wollen. Es ist der Sinn, der dahintersteht. Wir alle wollen mehr sein als nur ein egoistisches Wesen, das von Geburt an bis zum Tod mehr oder weniger glücklich lebt. Wir wollen beitragen und etwas geben, das ist den meisten von uns innerer Ansporn und Aufgabe. Auch dies ist natürlich keine Einmalsache, sondern ein lebenslanger Prozess. Der Sinn, nach dem wir leben, wird sich im Laufe der Jahre verändern. Als junge Menschen haben wir einen anderen Sinnbegriff als in älteren Jahren. Doch wir können uns gar nicht früh genug mit der Sinnfrage auseinandersetzen und sollten gerade diesen Baustein des Lebens regelmäßig überprüfen.

IHRE MISSION VERANTWORTUNG

Gibt es einen klar erkennbaren Sinn für Ihr Leben? Welchen Beitrag wollen Sie insgesamt hier in dieser Welt leisten? Was wollen Sie der Menschheit hinterlassen? Sind Sie sich Ihrer diesbezüglichen Verantwortung schon bewusst?

Full Circle

Nun sehen wir den vollständigen Circle of Life vor uns.

Alle diese Segmente bilden Ihr Leben, und Sie tragen für jeden der einzelnen Bereiche die volle Verantwortung. Es ist Ihr persönlicher Circle of Life. Jeder von uns hat seinen eigenen Circle, der völlig anders aussieht, auch wenn die Bereiche im Grunde genommen die gleichen sind. Jedes Feld ist mit anderem Leben gefüllt und damit absolut einzigartig. Wir müssen uns um jedes dieser Segmente entsprechend kümmern und sie alle für ein insgesamt verantwortliches Leben in die Balance bringen. Für ein glückliches, erfolgreiches und vor allem erfülltes Leben.

Teil 2 –
Der Erfolgsweg der Verantwortung

7.
Eine echte Entscheidung treffen – nur »ja« sagen, reicht nicht

Bis man wirklich Verantwortung übernimmt, gibt es Zweifel, die Möglichkeit, sich zurückzuziehen und immer Ineffizienz. Was alle Handlungen, Initiativen oder Schöpfungen angeht, so gibt es eine elementare Wahrheit, deren Nichtbeachtung zahllose Ideen und hervorragende Pläne umbringt: dass in dem Moment, in dem man sich definitiv verpflichtet, sich die Vorsehung ebenfalls bewegt.
Alle möglichen Dinge, die sonst nie passiert wären, passieren, um einem zu helfen. Ein ganzer Strom von Ereignissen folgt aufgrund der Entscheidung und bringt zu eigenen Gunsten alle Arten von Vorfällen und Begegnungen und materieller Unterstützung, von denen kein Mensch geglaubt hätte, dass sie auf diesem Wege kommen würden. Was immer du meinst oder glaubst, tun zu können, beginne es. Handeln enthält Magie, Anmut und Kraft.

Johann Wolfgang von Goethe (1749–1832), Dichter

Sich dem Erfolg verpflichten

Die in den vorigen Kapiteln gewonnene Erkenntnis, dass wir für unser Glück und unseren Erfolg selbst verantwortlich und zuständig sind, bringt uns schon ein ganzes Stück weiter. Der Umkehrschluss daraus wäre allerdings, dass Glück und Erfolg alleinige Produkte unserer Verantwortung sind. Ist dem wirklich so? Grundsätzlich bin ich überzeugt davon, dass es genauso ist. Wenn wir die Verantwortung für all die schon erwähnten Lebensbereiche erkennen, annehmen, übernehmen und ihr auch gerecht werden, dann ist das eine klare Erfolgsgarantie. Wenn wir dran bleiben, werden wir das gewünschte Ergebnis früher oder später sicher erreichen.

Nun werden Sie sich vielleicht fragen: Wenn das so einfach funktioniert mit den Ergebnissen, was ist dann mit dem Zufall, den Umständen und dem Schicksal? Stimmt, diese Elemente können behilflich oder hinderlich sein, je nach der jeweiligen Situation, aber sie werden letztendlich nicht über unseren Erfolg bestimmen! Denn das tun ausschließlich wir selbst.

Natürlich sind wir dabei nicht in der Lage, wirklich alles zu bestimmen. Wenn Sie in irgendetwas der Beste der Welt sein wollen, dann sind Sie vermutlich nicht der Einzige, denn auch einige andere Menschen werden hohe Anstrengungen unternehmen, um diesen Titel für sich in Anspruch nehmen zu können.

Zudem wirken weitere Einflüsse wie Talent, Begabung und der Faktor Zeit auf das Ergebnis ein. Wenn Sie seit Kindesbeinen Klavier spielen, wird sich jemand anderes schwer tun, auf diesem Gebiet genauso exzellent zu werden, wenn er erst im Alter von zwanzig Jahren damit angefangen hat. Im Sport wird besonders deutlich, dass wir gewisse Dinge nicht erzwingen können und körperliche Merkmale berücksichtigen müssen. Ein 1,90 Meter großer Mann wird kaum ein Weltklasse-Jockey werden. Es gibt zwar keine offizielle Beschränkung, doch das Gewicht eines Jockeys sollte nicht mehr als fünfundfünfzig Kilogramm betragen. Ein 1,60 Meter großer Mann wird als Basketball-Profi keine Chance haben, denn seine Mitstreiter sind mit zwei Metern Körpergröße auf einer anderen Ebene unterwegs. Wir entscheiden nun einmal nicht selbst über unsere Talente und Begabungen. Tröstlich dabei ist, dass Fleiß, Disziplin und beherztes Üben dem Talent meist weit voraus sind. Wir haben es in der Hand, mit den Gegebenheiten entsprechend umzugehen und sind dafür zuständig, das Beste aus den jeweiligen Umständen zu machen. Wenn wir die Verantwortung für unser Leben wirklich vollumfänglich tragen wollen, dann müssen wir auch eine echte Entscheidung treffen! Wir sollten also nicht nur wissen, was wir wollen, wir müssen uns unserem Erfolg verpflichten und unseren Zielen verschreiben.

In der Praxis sieht das leider etwas anders aus. Viele Menschen scheuen davor zurück, Entscheidungen zu treffen. Manche entscheiden, ohne die Tragweite ihrer Entscheidung vollumfänglich zu erkennen oder in Betracht zu ziehen. Andere nehmen eine Entscheidung nicht ernst genug. Und wieder andere entscheiden sich ständig neu. Nur sehr, sehr wenige treffen eine echte Entscheidung und bleiben fix dabei.

Nicht jeder ist entscheidungsstark

Ich habe mich oft gefragt, warum nur relativ wenige Menschen eine klare und direkte Entscheidung treffen können. Meines Erachtens gibt es dafür verschiedene Gründe: Die Angst, eine falsche Entscheidung zu treffen, ist in unserer Gesellschaft ein riesiges Problem und bei den meisten Menschen so unsagbar groß, dass sie lieber gar keine Wahl treffen. Natürlich gehen sie nicht bewusst daran, keine Entscheidung zu treffen, sondern schieben diese Stück für Stück auf – so lange, bis der Zufall oder jemand anderes für sie entschieden hat. Das ist ein Problem, denn so werden diese Menschen niemals ein selbstbestimmtes Leben führen und persönliche Freiheit erlangen. Das Ergebnis ist eine Gesellschaft voller unzufriedener Zeitgenossen. Dabei könnte es so einfach sein – wir haben die Wahl, immer und immer wieder – wir müssen sie nur treffen.

Unüberlegtheit bei Entscheidungen bringt ebenfalls große Schwierigkeiten mit sich. Es wird schnell, schnell entschieden, um eben eine Entscheidung zu treffen. Diese Art von Entscheidern rühmt sich auch noch häufig damit, dass sie so tolle und schnelle Entscheidungen getroffen haben beziehungsweise generell treffen. Dabei übersehen sie allerdings, dass Unbedachtes selten rühmliche Ergebnisse hervorbringt und verbergen nur ihre eigene Denkfaulheit. Dies geht nicht selten einher mit fehlender Ernsthaftigkeit. Doch eine Entscheidung, die man nicht ausreichend wichtig genommen hat, ist keine echte Entscheidung. Darauf folgt meist die Tendenz zur Korrektur, was bedeutet, danach ständig neue, den Kurs anpassende Entscheidungen zu treffen.

Die Kraft der echten Entscheidung

Eine echte Entscheidung ist gut durchdacht, berücksichtigt alle möglichen Folgen und führt zur konsequenten Umsetzung! Sie erzeugt so viel Druck im Positiven wie im Negativen, dass die notwendigen Handlungen einfach erfolgen müssen. Eine solche eindeutige Entscheidung trennt sich glasklar von allen anderen möglichen Wegen und bleibt ihrer Richtung treu. Eine echte Entscheidung erfordert großen Mut, denn sich für eine Sache zu entscheiden, bedeutet auch, sich gegen hundert andere Dinge und Möglichkeiten zu entscheiden. Die echte Entscheidung wird einmal getroffen und nicht mehr umgeworfen. Sie ist verbindlich. Sie übernimmt die Verantwortung und führt direkt zum gewünschten Ergebnis. Wenn Sie eine echte Entscheidung treffen, dann strahlt diese so viel Kraft aus, dass Ihr Umfeld es sofort spürt und um die Ernsthaftigkeit weiß, die dahintersteht. Eine echte Entscheidung versprüht pure Macht und zieht alle Energien auf sich. Eine echte Entscheidung gibt Ihnen sofort ein Gefühl der Sicherheit. Sie lässt Sie bereits nach den ersten Schritten instinktiv erahnen, dass Sie Ihr Ziel erreichen werden. Eine echte Entscheidung stärkt Ihre Klarheit und lässt Sie den Fokus auf den Erfolg richten. Sie gibt Ihnen Leichtigkeit, weil Sie sich vom Ballast der anderen Entscheidungsvarianten befreit haben. Aber das ist gar nicht so leicht, wie es klingt.

Eintausend halbherzige Entscheidungen führen nirgendwohin

Ich war immer der Überzeugung, alles allein schaffen zu können. »Ich bin stark und ein Meister der Selbstmanipulation. Ich kann alles erreichen, wenn ich es nur will.« Diese Einstellung, so dachte ich, war die beste Voraussetzung, meine immens große Herausforderung auch wirklich alleine zu bewältigen. Ich wollte endlich von meinen ständigen Exzessen Abstand nehmen und vom Kokain wegkommen. Ich traf also die Entscheidung, damit ein für alle Mal aufzuhören – und hielt ein paar Monate durch. Bald war es jedoch wieder so weit, ich folgte der Verlockung der Droge und glitt wieder in den Exzess ab. Nach meinem reuevollen Auftauchen daraus traf ich eine neue Entscheidung und schwor mir, ich würde es dieses Mal besser machen und durchhalten. Ich hielt auch durch. Ganze vier Monate lang. Dann begann alles von vorne. Entscheidung und wiederum Nicht-Einhalten der Entscheidung nach ein paar Monaten. Beim darauffolgenden Mal hielt ich gar nur einige Wochen durch. Es musste etwas geschehen. Ich traf also eine neuerliche Entscheidung und schickte mich selbst zur Kur, wie ich es nannte. Ich nahm Abstand vom Alltag und verbrachte die Tage ohne Arbeit und in der Natur. Ich ging nicht in meine gewohnte Arbeitsumgebung, sondern kümmerte mich um mich und meinen Körper. Ich machte lange Fahrradtouren und beschäftigte mich mit positiven und nützlichen Dingen. Ich sorgte mich um die Familie, um Haus und Garten. Es war eine schöne Zeit, ich fühlte mich sehr wohl und energievoll. Nach dieser Kur spürte ich zum ersten Mal eine Art Sicherheit. Jetzt hatte ich es geschafft, meine Sucht hinter mir zu lassen. Ich war euphorisch.

Drastisch wurde ich eines Besseren belehrt, als ich ein paar Wochen später wieder haltlos rückfällig wurde. Also musste sofort eine neue, dieses Mal wohl bahnbrechende, Entscheidung her. Ich brauchte etwas, das mich von der Sucht ablenken könnte. Etwas, das mir richtig große Freude bereiten und mich beschäftigen würde. Also kaufte ich mir eine Harley. Ein Motorrad, um sich von Drogenexzessen fernzuhalten, werden Sie sich jetzt vielleicht ungläubig fragen? Ich frage mich das heute auch. Aber damals tickte ich leider so. Die Harley kam also in mein Leben. Ich war von meiner Entscheidung felsenfest überzeugt und gedachte, mich selbst auszutricksen, indem ich das heilige Motorrad nach Terminen nie in der Stadt lassen wollte. Ergo müsste ich es selbst immer wieder zurückfahren und konnte es mir nicht erlauben, in den Exzess abzudriften. Das funktionierte, bis zum ersten Regentag, an dem ich nicht mit dem Motorrad zur Arbeit fuhr. Pünktlich wie ein Schweizer Präzisionsuhrwerk hing ich an diesem Abend in einer einschlägigen Bar. Ich hatte ja mein Wort nicht gebrochen, das Motorrad war nicht da, ich war also frei, mich meiner Sucht hinzugeben. So argumentierte ich damals mit mir selbst und fand das alles auch noch logisch.

Als ob ein Damm gebrochen wäre, ging es von da an weiter bergab. Meine Sucht hatte mich nun wieder völlig im Griff. Bald ließ ich die Harley acht- und sorglos vor den Bars stehen, in denen ich meinen Drogenexzessen nachging. Mein Verantwortungsgefühl war jetzt völlig im Keller. Es musste – ja, Sie haben es erraten – eine neue Entscheidung her. Noch drastischer, weil die teure Harley hatte ja nicht funktioniert. Ich musste mich ganz eindeutig noch mehr verpflichten.

Ich schaffte mir einen Hund an. Den konnte ich ja nicht im Stich lassen, dachte ich. Ich schäme mich noch heute zutiefst dafür, denn natürlich wurde ich auch meiner Verantwortung dem Hund gegenüber nicht gerecht. Eines Tages hatte ich ihn wie immer bei meinen Terminen dabei, als mich der Drang nach Kokain übermannte. Ich wollte nur eines: In die nächste Spelunke, in der ich meinem Wunsch freien Lauf lassen konnte. Aber da war der Hund. Was tun? Drogenhungrig ferngesteuert setze ich das verblüffte Tier in ein Taxi und habe es meiner Frau zustellen lassen. Ich habe ihr die volle Verantwortung für Marley übergestülpt und mich wieder einmal egoistisch meiner Sucht gewidmet. Marley ist auch heute noch mein treuer Begleiter und trägt mir das Abenteuer Taxi scheinbar nicht nach, Hunde lieben eben bedingungslos.

Ernst gemeint ist nicht unbedingt echt

Ich habe damals so viele Selbstversuche praktiziert, dass ich sie gar nicht mehr zählen konnte. Meine Entscheidungen waren im Moment der Entscheidung immer ernst gemeint. Trotzdem scheiterten sie zigfach. Das Schlimme an gescheiterten Versuchen ist ja nicht das Scheitern an sich. Es ist die Gewohnheit, die sich daraus ergibt. Sie erlernen den Misserfolg. Sie lernen, dass Misserfolg normal ist und gewöhnen sich daran. Sie lernen jedes Mal wieder, dass Sie es nicht können. Zugegeben, eine Drogensucht hat eine besonders schwierige Qualität, doch der Ursprung des Scheiterns war die nicht ausreichende Echtheit der getroffenen Entscheidung. Um eine echte Entscheidung zu treffen, ist es erforderlich, sich absolut und voll zu verpflichten. Ich hatte die Entscheidung zwar jedes Mal ernst gemeint, war aber nie diese ultimative Verpflichtung eingegangen, die nur ein Ziel kannte. Wir dürfen uns keine einzige andere Wahl mehr lassen, was zählt, ist nur noch die erfolgreiche Umsetzung. Wir müssen unsere Schiffe verbrennen. Es darf keine andere Möglichkeit und keinen Ausweg mehr geben.

Wir müssen immer eine echte Entscheidung treffen, wenn wir etwas verändern wollen! Um nur leichte Veränderungen vorzunehmen, brauchen Sie natürlich nicht ganz so viel Kraft. Wenn Sie Ihr Trainingspensum von drei- auf viermal pro Woche steigern oder statt drei Tassen Kaffee nur noch zwei trinken wollen, dann erfordert das sicher nicht Ihre gebündelte Aufmerksamkeit. Möchten Sie allerdings mit dem Rauchen aufhören oder Ihre Ernährung drastisch umstellen, dann muss die Entscheidung eine sehr kraftvolle sein. Sie erinnern sich, bei mir mussten erst einige Dramen geschehen, um mich endgültig aufwachen zu lassen und eine starke Entscheidung möglich zu machen.

Umso größer die Aufgabe, die vor uns liegt, ist, desto stärker und urgewaltiger muss sie und der dazugehörige Akt der Entscheidung sein. Meiner Drogensucht konnte ich mit einer einfachen, wenn auch in dem Moment ernst gemeinten, Entscheidung nicht beikommen. Hier brauchte es etwas besonders Starkes und Kraftvolles; etwas, das auch in schwierigen Situationen Bestand hat und von Dauer ist. Es war in meinem Fall letztlich eine ganze Reihe von Maßnahmen, die über zwei ganze Tage lang den Akt der Entscheidung bildeten und die endlich erfolgreiche Umsetzung möglich machten.

Erkenne dich selbst und entscheide

Wie können wir so eine kraftvolle Entscheidung nun tatsächlich herbeiführen? Zuallererst braucht es die Hoffnung und Aussicht, die gewünschte Veränderung überhaupt noch hinbekommen zu können. Das ist die Grundlage. Ich hatte damals tatsächlich immer noch die tiefe Überzeugung, dass ich alles verändern kann, wenn mein Wille nur groß genug ist und ich die Entscheidung entsprechend untermauere. Ich wusste um die notwendigen Werkzeuge und Strategien aus der Verhaltenstherapie und der neurolinguistischen Programmierung und konnte darauf zurückgreifen. Ich musste mich nur endlich offen mit allen möglichen Varianten auseinandersetzen.

Ich stellte mir die folgenden Fragen: Wie ist die Situation in der nackten Realität, ohne sie auch nur ansatzweise schönzureden? Was geschieht, wenn ich so weitermache? Wie könnte noch alles gut werden beziehungsweise sein? Zudem erinnerte ich mich an meine ureigensten Werte und die Ziele, die ich mir früher einmal im Leben gesetzt hatte. Wer wollte ich immer werden, und wer war ich jetzt? Wie möchte ich tatsächlich aus heutiger Sicht sein?

Die Antworten, die ich mir damals geben musste, bereiteten mir tiefe Schmerzen. Ehrlich mir selbst gegenüber zu sein, mich so zu sehen, wie ich war, hatte ich bis dahin tunlichst vermieden. Unbewusst wissen wir natürlich immer, dass da einiges im Argen liegt und vermeiden deshalb diese gnadenlose Selbstreflexion und die daraus resultierenden Qualen. Doch erst diese direkte Konfrontation bringt uns Klarheit und – so schmerzhaft diese Erkenntnisse auch sind – sie bringen uns in gewisser Weise auch Erleichterung. Sie kennen das vielleicht auch von Geheimnissen oder Lügen, die Sie schon einmal mit sich herumgetragen haben. Sobald die Dinge ausgesprochen sind und offen auf dem Tisch liegen, fühlt es sich trotz aller negativen Konsequenzen wie eine Befreiung an.

Alle diese schmerzlichen Gedanken und Erkenntnisse zerrissen mich förmlich. Doch ich wollte es dieses Mal aushalten und nichts beschwichtigen und beschönigen. Ich wusste, dass der Antrieb durch Schmerz größer ist als durch Freude und wollte diese Tatsache für mich nutzen. Deswegen machte ich den Schmerz in meinen Gedanken noch größer. Ich dramatisierte, sofern dies ob der ohnehin katastrophalen Lage überhaupt noch möglich war. Ich stellte mir die schlechten Dinge noch unermesslich schlechter vor, obwohl sie ohnehin schon gigantisch negativ waren. Und vor allem hielt ich mir vor Augen, wie desaströs es erst noch werden würde, wenn ich mein Verhalten nicht bald ändern könnte. Ich malte mir alles in den dunkelsten Farben aus und ging meinen gedanklichen Qualen in keinster Weise aus dem Weg. Und ich durfte feststellen: Nicht nur die Situation war düster und furchtbar, auch die Aussichten waren grauenvoll.

Anschließend switchte ich die Aussichten – nicht die Situation! Ich malte mir aus, wie schön und wundervoll das Leben mit dem neuen Verhalten sein würde. Auch hier steigerte ich die Ergebnisse ins extravagant Positive – so dramatisch und miserabel die eine Variante war, so schön, herrlich und freudvoll stellte sich die andere dar. Beide Varianten der potenziellen Aussichten meines zukünftigen Lebens führte ich mit allen Sinnen aus. Ich wollte sie spüren, fühlen, hören, sehen, riechen und sogar schmecken.

Wo immer ich war, meine dunklen wie auch die strahlenden Zukunftsaussichten begleiteten mich. Ich wollte nun einfach nicht mehr loslassen, auch um mich selbst zu schützen. Ich beschloss, mir beide Szenarien täglich mehrfach plastisch vor Augen zu führen und machte mir für meinen Kalender eine Einlage mit Stichpunkten, Bildern und Symbolen. Ich trage sie übrigens bis heute bei mir. Die meisten Einträge auf der positiven Seite sind mittlerweile erfüllt. Die dunkle Seite, die meines möglichen Verderbens, die unter anderem eine Skizze meines Grabsteins beinhaltet, hält mich wachsam. Drei Monate lang habe ich trotz aller auftretenden Herausforderungen meine Konzentration auf diese beiden Varianten gelegt. Ich habe nicht nur die Dinge im Guten wie im Schlechten durchgespielt, sondern mich auch immer wieder mit anderen darüber unterhalten und nach Vorbildern gesucht. Ich habe damals fast ausschließlich für diese Entscheidung gelebt.

Wenn der Prozess der Veränderung erst einmal installiert und ausreichend gefestigt ist, können wir einen Gang zurückschalten. Vieles hat sich dann wieder normalisiert, und wir haben erste Erfolge verzeichnet, die uns festigen. In der ersten Phase, die der echten Entscheidung folgt, ist die von mir geschilderte Intensität jedoch unumgänglich. Zurückschalten heißt übrigens nicht, dass Sie nun wieder sorglos, so wie früher vor der echten Entscheidung für etwas, agieren können, denn unsere Verhaltensweisen sind je nach Aufgabenstellung tief verwurzelt und haben die Tendenz, uns immer wieder einzuholen.

Wenn eine Entscheidung das ganze Leben verändert

Während dieser intensiven Phase fiel mir einer der größten Fehler in meinem Leben auf: Konflikte zu vermeiden! Obwohl ich sicher alles andere als ein Weichei bin und sich dies kaum jemand vorstellen kann, ich war eigentlich immer auf Harmonie bedacht und wollte Streit vermeiden. Dass die Dinge immer größer werden, umso länger wir den Konflikten aus dem Wege gehen, war mir bis dahin nie wirklich bewusst. Ich beschloss, dies ein für alle Mal zu ändern. Ich wollte fortan Konflikte nicht mehr ewig schwelen lassen, sondern sie austragen. Sofort und bis auf den Grund. Es war zu Beginn nicht einfach, hat aber mein Leben extrem erleichtert und verbessert.

Heute zeige ich jeden Konflikt sofort auf, sobald ich ihn als solchen erkenne. So haben die meisten Dinge gar nicht erst die Chance, sich zum echten Krisenpotenzial aufzublähen, und es bleibt genug Kraft für die echten Konflikte übrig. Wenn Sie zahlreiche kleine Konflikte zu bewerkstelligen haben, steht für den großen Konflikt keine oder nicht mehr ausreichend Energie zur Verfügung. Ich liebe es heute, Krisen und Streitigkeiten sofort anzusprechen, weil ich weiß, wie gut es sich sofort danach für alle Beteiligten anfühlt. Die Karten sind auf dem Tisch, die Angelegenheit ist geklärt oder kann sofort geklärt werden und jeder weiß, wo es langgeht. Es muss nicht immer unbedingt alles freundlich und positiv sein, um Spaß zu machen. Die gewünschten Ergebnisse aktiv anzustreben und nichts anbrennen zu lassen, reicht oftmals aus.

IHRE MISSION VERANTWORTUNG

Welche Entscheidungen haben Sie in der Vergangenheit vielleicht nur halbherzig getroffen? Und wenn ja, wie ist das Ergebnis ausgefallen? Wenn Sie heute eine echte Entscheidung treffen wollten, welche wäre das? Wie sieht die Ausgangssituation dazu aus? Und vor allem, wie wird Ihr Leben aussehen, wenn Sie diese eine wichtige Entscheidung nicht treffen? Im Umkehrschluss, wie könnte Ihr Leben ablaufen, wenn Sie die gewünschte Veränderung dauerhaft umsetzen?

Entscheidungen zu treffen, ist eine der wichtigsten Aufgaben in unserem Leben. Jede Entscheidung bringt entweder Erfolg oder Misserfolg. Das können wir vorher nicht wissen. Trotzdem müssen wir jederzeit die volle Verantwortung für uns und unsere Entscheidungen übernehmen und felsenfest dazu stehen.

Jede Entscheidung braucht Umsetzung

Nun wissen wir um den Wert der echten Entscheidungen. Doch trotz aller Kraft, die eine solche Entscheidung mit sich bringt, müssen wir sie natürlich auch umsetzen. Zum Thema Umsetzung gibt es in der Literatur und von diversen Experten viele Ratschläge, die besagen, dass wir einfach anfangen sollen. Ich sehe das sehr differenziert. Selbstverständlich müssen wir ins Handeln kommen, doch ich halte die Aussage isoliert betrachtet für sehr gefährlich. Denn sie verleitet dazu, tatsächlich einfach anzufangen. Ohne nachzudenken. Ohne vorzudenken. Ohne überhaupt zu denken.

Im Prozess der Entscheidung haben wir uns zwar bereits Gedanken gemacht, doch wir sind noch nicht auf die Umsetzung vorbereitet. Wir können einen Entschluss treffen, ohne zu wissen, wie wir ihn umsetzen werden. In der Regel werden Erfahrungen immer noch nach der Devise »Versuch und Irrtum« gemacht, das gilt auch für die Entscheidungsprozesse und deren Umsetzung. Doch Trial-and-Error ist die aufwendigste aller Methoden und führt nicht immer zum Ziel, weil wir so viel Zeit und Kraft gar nicht haben. Mit der entsprechenden gedanklichen Vorbereitung dürfen Umsetzungsprozesse auch einfacher und kürzer sein und auf Anhieb gelingen.

Wenn Sie von Berlin nach München wollen, sollten Sie sich vorher überlegen, wie Sie dorthin kommen und laufen nicht einfach los. Denn für diese etwa sechshundert Kilometer würden Sie einhundertachtzehn Stunden brauchen. Insofern empfiehlt es sich, die Route und Reise zu planen. Sie wären mit dem Fahrrad deutlich schneller, könnten aber auch mit dem Bus, dem Auto, der Bahn oder dem Flugzeug reisen. Je nach gewünschter Ankunftszeit unterscheiden sich Reisezeiten und Preise. Aber Sie müssen auch bedenken, wie bequem Sie reisen wollen. Möchten Sie zum Beispiel im Flugzeug eingeklemmt und bewegungsunfähig sein oder lieber im Zug, in dem Sie sich frei bewegen können? Wollen Sie Ihre Telefonate erledigen, dann wäre vielleicht das Auto die bessere Wahl?! Ist Ihnen die Geschwindigkeit überhaupt wichtig oder kommt es Ihnen darauf an, die Route und Ihre landschaftlichen Schönheiten kennenzulernen? Wollen Sie einfach nur nach München oder möchten Sie die Menschen in den Regionen auf dem Weg dorthin kennenlernen?

Sie sehen, es gibt im Vorfeld einiges zu bedenken, bevor wir losstarten. Dabei ist eine Reise innerhalb eines Landes noch ein sehr simples Beispiel, unsere Lebensaufgaben sind eher selten so schlicht zu betrachten. Wir haben viel komplexere Angelegenheiten zu bewältigen und müssen daher umso sorgfältiger und planender vorgehen, wenn wir eine Entscheidung erfolgreich umsetzen wollen. Dabei kann die folgende Reihenfolge hilfreich sein.

Nachdenken

Beginnen Sie bitte immer mit dem Denken. Das ist in diesem Stadium Ihrer Umsetzung viel anspruchsvoller, als Sie vielleicht vermuten würden. Sie brauchen dazu Ruhe, müssen sich dem Thema widmen und vor allem die nötige Konzentration finden und behalten. Wenn Sie sich im ergiebigen Nachdenken trainieren wollen, ist es angebracht, sich selbst gute Fragen zu stellen und eine Art Ablaufplan des Denkens zu entwickeln. Dazu müssen Sie etwas nachdenken, einiges durchdenken, bedenken und überdenken sowie vordenken. »Nachdenken betrifft die Vergangenheit und ist somit immer einen Schritt zu spät«, ist eine meiner Lieblingsäußerungen. Doch hier trifft sie nicht zu, denn wir sollten auch aus unseren eigenen früheren Erfahrungen und den Erkenntnissen anderer Menschen Informationen gewinnen und daraus lernen.

Nehmen wir einmal an, Sie wollen ein Haus bauen. Wenn Sie oder Bekannte in der Vergangenheit bereits einmal ein Haus gebaut haben, dann können Ihre bereits gemachten Erfahrungen sehr aufschlussreich sein. Sie oder Ihre Bekannten hatten vielleicht den falschen Baupartner, zu wenig Geld, die verkehrte Bauweise, ein ungeeignetes Grundstück oder zu wenig Zeit. Vielleicht hatten Sie aber auch gelungene Abläufe, auf die Sie nun zurückgreifen können. Das ist der wichtige Teil des Nachdenkens.

Durchdenken Sie dann alle Abläufe, Zeitplanungen, Finanzen und so weiter und bedenken Sie Eventualitäten. Was ist, wenn der Bau teurer wird, wenn die Baufirma oder die Bank pleite geht, der Arbeitgeber nicht pünktlich zahlt oder der Partner das Weite sucht? Überdenken Sie Ihre Entscheidungen und schließen Sie diesen Prozess mit dem Vordenken ab. Was ist, wenn dies oder jenes morgen oder übermorgen geschieht, das Haus Mängel aufweist und nachträglicher Sanierungsbedarf entsteht, Sie später ins Ausland ziehen wollen oder oder oder?

Es ist kein Hexenwerk, alle diese Dinge gedanklich zu berücksichtigen. Aber es ist zweifellos unbequem und aufwendig, vielleicht sogar mit Ärger verbunden. Weil Sie mit dem Partner Diskussionen über ungelegte Eier führen müssen und sich womöglich Streit ergibt. Unnötig? Ich glaube nicht. Der Streit, wenn die nicht durchdachten Eventualitäten im Ernstfall eintreten, wird schlimmer sein, das verspreche ich Ihnen. Natürlich werden Sie nie alles bedenken können, doch Sie werden so viele Dinge berücksichtigen, dass es im Normalfall vollkommen ausreicht. In der Realität geschieht nicht annähernd so viel, wie Sie sich überlegt haben. Sollte der Ernstfall doch eintreten, sind Sie auf jeden Fall gewappnet. Der Hausbau soll hier nur als Beispiel dienen, diese Denkprozesse gelten natürlich für jede Art von Vorhaben und Umsetzungen.

Planen

Nachdem Sie Ihr Denken erfolgreich absolviert haben und sich nicht auf halber Strecke von angenehmen Verführungen wie »einem Spaziergang bei diesem schönen Wetter« oder dem »TV-Programm bei diesem trüben Wetter« ablenken ließen, dürfen Sie einen Gang höher schalten und planen. Einigen Menschen sind Planungen zuwider, weil sie der Meinung sind, dass es sowieso immer anders kommt. Ich denke, diese Menschen haben einfach Angst vor ihrer eigenen Inkonsequenz und Disziplinlosigkeit. Auch wenn vielleicht nicht jede Planung zu hundert Prozent Realität wird, so ziehe ich doch einen schlechten Plan einem Vorhaben ohne jeglichen Plan vor.

Ein Haus plant man mit hoher Präzision, niemand käme auf die Idee, ohne Architekten und Bauzeichnungen zu arbeiten. Selbst die Genehmigungen erfordern bereits diese Ausführungen, denn auch die Stadt oder Gemeinde braucht keine bösen Überraschungen, was ihre Bebauung betrifft. Sollten Sie einen Bungalow geplant haben, müssen Sie genau den auch bauen und können nicht einfach aus Lust und Laune drei Stockwerke draufpacken.

Sie planen aber nicht nur die Höhe des Hauses, Sie planen, wo genau es steht, wie groß es ist, wie groß die einzelnen Räume sind, welche Fenster und Türen Sie einbauen, wie dick die Wände werden, welche Heizung Sie wollen, wie die Fassade aussieht und vieles mehr. Selbst eine Einbauküche wird heute perfekt am PC geplant, damit sie später präzise passt, möglichst gut aussieht und so praktisch wie möglich für die Bewohner ist.

IHRE MISSION VERANTWORTUNG

Haben Sie schon einmal darüber nachgedacht, ob Sie Ihr Leben und dessen Entscheidungen genauso präzise planen wie Ihr Traumhaus? Gibt es irgendeinen vernünftigen Grund, Ihre Lebensbereiche schlechter zu planen als eine Einbauküche oder das gesamte Haus?

Ausführen

Viele Leute reden und reden, ohne dass jemals etwas dabei herauskommt. Sie sagen »Ja!« zu unzähligen Projekten, schaffen es aber nie bis zur tatsächlichen Ausführung.

In jungen Jahren wälzte ich große Pläne, die meist nicht zur Realität wurden. Mein Freund Uwe war ebenfalls mit großem Mund dabei, wenn es um seine Vorhaben ging. Sein Vater hingegen wurde für mich ein großes Vorbild, denn er wies uns auf unsere ausufernde Geschwätzigkeit hin. Und zeigte uns auf, wie sehr wir unsere Glaubwürdigkeit einbüßten, wenn etwas vollmundig Angekündigtes nicht klappte. In der Folge beobachtete ich sein Verhalten, wann immer es mir möglich war. Er war ein sehr erfolgreicher Unternehmer. Über seine Pläne und Vorhaben redete er nie, schon gar nicht in der Öffentlichkeit. Er sprach aber oft über die zahlreichen Projekte, die er bereits erfolgreich umgesetzt hatte. Damit fiel er in unserer heutigen Gesellschaft, in der jeder etwas zu sagen hat, aber kaum einer etwas macht, äußerst positiv auf. Da ist einer, der erzählt nicht, was er vorhat, sondern was er bereits erledigt hat! Der Vater meines Freundes muss in seinem Leben immer genau nach Plan gehandelt haben. Er hat seine Projekte Schritt für Schritt realisiert, genau wie beim Hausbau. Stück für Stück – Stein auf Stein. Dazu sind viele Zwischenschritte aus den unterschiedlichsten Gewerken nötig, vom Trockenbau über den Sanitärbereich, von der Heizung und Elektrik bis zu den Bodenbelägen. All diese Ausführungen müssen einzeln und dennoch koordiniert ausgeführt werden, das allein stellt schon eine wahre Meisterleistung dar. Ich habe das Beispiel Hausbau gewählt, weil ich daran gut demonstrieren kann, dass nur dann, wenn etwas wirklich von Grund auf geplant und koordiniert umgesetzt wird, wenn also auch gehandelt wird, greifbare Erfolge entstehen können. Wann immer Sie ein bestimmtes Ergebnis im Leben anstreben, den Erfolg erreichen Sie nur über die Umsetzung, das Handeln, das Tun. Nur »Ja!« sagen, reicht eben nicht!

Kontrolle

Nicht jeder liebt es, eine Kontrollfunktion auszuüben, doch im Wesentlichen sollte jedem klar sein, wie wichtig Kontrolle im Rahmen eines Umsetzungsprozess ist. Um beim Thema Haus zu bleiben: Wenn erst die Elektrik und die Fußbodenheizung verbaut sind, die Fliesen verlegt und die Wände geputzt und gestrichen sind, ist eine nachträgliche Verbesserung kompliziert. Ich kenne Häuser, in denen es nicht in jedem Raum eine Steckdose gibt, weil dies schlichtweg nicht rechtzeitig kontrolliert worden war.

Kontrollieren Sie im Rahmen eines Umsetzungsprozesses einer Entscheidung immer rechtzeitig, also zeitnah! Die Kontrolle dient ja nicht dazu, jemanden bei einem Fehler zu ertappen und ihm auf die Finger zu hauen, sondern um so früh wie möglich eine Korrektur vornehmen zu können. Deshalb ist auch die Kontrolle der Zwischenschritte extrem sinnvoll, denn die notwendigen Änderungen sind da noch viel leichter und schneller vorzunehmen.

Wer zeitnah und oft kontrolliert, hört oft diesen Vorwurf von Partnern oder Mitarbeitern: Du vertraust uns nicht. Ich sehe das nicht so, denn wir wollen schließlich als Team das Ziel erreichen. Meine Kontrolle spart auch dem Ausführenden Zeit, Frustration und Misserfolg. Mir sind hier überhöhte persönliche Befindlichkeiten völlig egal, denn meine Leistungen dürfen ebenfalls kontrolliert werden. Es ist mir sogar umso lieber, je öfter diese Kontrolle geschieht, weil ich mich auf diese Weise schneller verbessere und mein Ziel erreiche. Für mich gehört Kontrolle zu einer verantwortungsvollen Umsetzung eines Vorhabens einfach dazu.

Wer sich nicht kontrollieren lassen will, hat meist etwas zu verbergen.
Wer Kontrolle liebt, will verbessern.

Anpassung

Die Anpassung ist ein Instrument, das erstaunlicherweise nicht ausreichend genutzt wird. Sie wird auch gerne Korrektur genannt und ist mindestens so unbeliebt wie die Kontrolle. Vielleicht rührt dies aus der Schulzeit, als Fehler mit rotem Stift markiert wurden. Viele Dinge in der Rechenarbeit waren korrekt, im Fokus stand trotzdem die Farbe Rot. Vielleicht fühlen wir uns daher heute noch zu hart kritisiert, wenn es um Anpassung und Korrektur geht. Warum auch immer, die Korrektur wird unterbewertet, leistet sie doch wundervolle Dienste auf dem Weg zur Erfüllung unserer Träume. Das darf auch manches Mal einfach gehen, wie das Beispiel Hausbau zeigt. Ist ein Stein nicht richtig in der Waage oder auf richtiger Linie, kann er einfach neu justiert werden, ohne erst eine schiefe Wand entstehen zu lassen. Wird die vergessene Steckdose rechtzeitig entdeckt, werden Schlitze in der Wand gezogen und ein paar neue Kabel verlegt – und schon sind die neuen Steckdosen an der gewünschten Stelle.

Im Leben sind schnelle Anpassungen und Korrekturen ganz besondere Erfolgsfaktoren. Es gibt Menschen, die einen Versuch unternehmen, der mangels Kenntnis und Übung scheitert. Was ist ihre Reaktion? Sie lassen das Vorhaben bleiben, weil es nicht funktioniert hat. Sie haben ein erstes

Feedback erhalten und hören auf. Das kann doch bitte nicht wahr sein! Es ist doch normal, dass Dinge nicht auf Anhieb klappen. Oder konnten Sie beim ersten Versuch sprechen, laufen, lesen oder rechnen? Wir haben teils unendlich viele Versuche unternommen, bevor wir erst einmal einen Laut herausgebracht haben, der dann irgendwann zu dem Wort »Mama« mutierte. Als Erwachsener haben wir dann einen so großen Erfahrungsschatz gesammelt, dass wir Feedback sehr schnell erfassen und demzufolge sofortige Anpassungen vornehmen können. Wir müssen es nur tun!

Viele Leute denken jedoch, sie machen jetzt einen ersten Versuch, und dann muss das Ganze klappen. Wenn nicht, dann hat es wohl nicht sollen sein. Merken Sie, wie töricht diese Sicht plötzlich erscheint, wenn wir etwas genauer hinsehen?

Das Glück des Tüchtigen

Wir brauchen alle das bestimmte Quäntchen Glück für unsere Erfolge, doch wir können uns nicht darauf verlassen. Es ist ein Unterschied, ob Sie ein Haus mit Glück bauen wollen oder das Glück Ihnen beim Bau des Hauses hold ist. Sie können nicht mit dem Dach beginnen oder darauf hoffen, dass Sie Glück haben und der Rest dann einfach von selbst entsteht. Sie sollten sich bei der Auswahl der am Bau beteiligten Firmen auch nicht ausschließlich auf Ihr Glück verlassen. Aber Sie können Glück haben und die Materialien werden pünktlich und korrekt geliefert, die Arbeiter der beteiligten Firmen werden nicht krank und das Wetter schafft keine zeitlichen Verzögerungen. Das ist ein wesentlicher Unterschied und wohl auch der Ursprung des Ausspruchs vom Glück des Tüchtigen. Doch wenn die Materialien eben nicht pünktlich geliefert werden, es Krankheitsfälle bei den Arbeitern gibt und das Wetter nicht mitspielt, dann müssen Sie trotzdem dafür sorgen, ein schönes Haus fertig zu bekommen, nicht wahr? Wir sind dafür verantwortlich – auch wenn wir nicht für die Krankheitsfälle der Baufirmen zuständig sind, so sind wir doch für das Gesamtprojekt Hausbau zuständig. Insofern konzentrieren Sie sich voll und ganz auf Ihre Einflussbereiche und erledigen diese so exzellent, wie Sie nur können. Mit hoher Wahrscheinlichkeit wird dann auch das Glück an Ihrer Seite sein.

Ihre Verantwortungsbereiche

Egal, was Sie erreichen wollen, ich lade Sie ein, den Ablauf immer in dieser Reihenfolge anzusetzen: Nachdenken – Planen – Handeln – Kontrollieren – Anpassen.

Sie tragen die volle Verantwortung für jeden einzelnen dieser Punkte. Diese Reihenfolge kann Ihnen in jedem Bereich Ihres Lebens hilfreich sein und Sie vor törichten Umwegen schützen. Sie brauchen nichts zu planen, wenn Sie beim Denken entdecken, dass dies langfristig nicht der richtige Weg für Sie sein wird. Jahrelanges und unnützes Machen kann vermieden werden, wenn wir nur ein paar Stunden gründlich denken. Alle anderen Schritte leisten den Beitrag für eine erfolgreiche Umsetzung, müssen jedoch auch in der genauen Abfolge geleistet werden. Bitte handeln Sie niemals ohne Plan – es wird Ihnen viel Zeit ersparen. Nehmen Sie sich die Zeit für stetige Kontrollen und seien Sie nicht befindlich, wenn Ihr erster Plan nicht der beste war.

Sie sind nicht herausragend, wenn Sie Ihre Fehler oder Misserfolge rechtfertigen, Sie sind herausragend, wenn Sie Ergebnisse erzielen.

Ein Großteil unseres Erfolgs liegt neben den eigentlichen Aktionen also auch in der Vorbereitung und Nachbereitung. In unserer heutigen Welt müssen wir schneller sein als je zuvor, ob es uns gefällt oder nicht. Es sprießen in kürzester Zeit neue Unternehmensgiganten aus dem Boden, und alteingesessene Unternehmen verschwinden. Dies liegt allein an der Geschwindigkeit unserer Veränderungen, im Unternehmensbereich wie im Privatleben. Also halten Sie sich nicht zurück, umso schneller Sie kontrollieren und Ihre Vorhaben den neuen Gegebenheiten anpassen, desto schneller werden Sie Ihre eigenen Träume realisieren.

IHRE MISSION VERANTWORTUNG

Welche Ergebnisse streben Sie aktuell an? Haben Sie neue Vorhaben, die eventuell gerade kurz vor der Umsetzung stehen? Wenn ja, wie wäre es, wenn Sie Ihr Vorhaben dieses Mal in genau dieser Reihenfolge aufziehen: Nachdenken – Planen – Handeln – Kontrollieren – Anpassen. Es könnte einen spannenden Unterschied machen. Probieren Sie es aus!

Teil 2 –
Der Erfolgsweg der Verantwortung

8.
Die Verantwortung lieben lernen – auch und gerade, wenn es nicht gut läuft

Lieben Sie Ihre Verantwortung, denn sie haben sie sowieso.

Ein großer Vorteil von uns Menschen ist es, dass wir unsere Gefühle in vielen Bereichen selbst bestimmen können. So ist es uns möglich, einer Sache eine beliebige Emotion zuzuordnen, wenn wir uns dies selbst nur schlüssig genug erklären. Das kann insbesondere dann eine Rolle spielen, wenn wir unser daraus abgeleitetes Verhalten als kontraproduktiv identifizieren und demzufolge ändern wollen.

Die freie Wahl der Gefühle

Mein Freund Matthias zum Beispiel. Er bekommt bei dem Wort Sicherheit sofort schlechte Laune. Für ihn ist dieser Begriff negativ behaftet. Denn er versteht unter Sicherheit etwas anderes als unsere Freundin Inga, die dieses Wort sehr positiv bewertet. Matthias und Inga verbinden mit Sicherheit sogar die gleichen Inhalte, interpretieren diese aber völlig unterschiedlich. Beide denken an Ketten, Mauern, Sparsamkeit und Ehering. Matthias verbindet mit Ketten »in Ketten gelegt und gefesselt«, also ausgeliefert zu sein. Inga hat die Diebstahlsicherung ihres Fahrrads vor Augen. Dicke Mauern verbindet Matthias mit dem Gefängnis und in einer Zelle eingesperrt zu sein, Inga denkt dabei an ein solides und sicheres Zuhause. Sparsamkeit sieht Matthias als Not und Gängelung, Inga hingegen als echte Freiheit erzeugende Tugend. Den Ehering deutet Matthias als Einengung und Verzicht, Inga hat eine glückliche und bereichernde Partnerschaft vor Augen. Diese Art von unterschiedlicher Ansicht über ein und denselben Begriff kommt in unzähligen Konversationen beruflicher wie privater Natur ständig vor. Alle diese Interpretationen können wir als Unbeteiligte oder Außenstehende nicht erkennen. Daher sind wir verwundert, wenn andere bei einem für uns positiv besetzten Wort offensichtlich nicht die gleichen Empfindungen haben. Auch Inga kann überhaupt nicht nachvollziehen, warum Matthias bei Sicherheit spontan übellaunig wird. Matthias hingegen kann Ingas positiver Einstellung zu diesem Wort nicht folgen.

Und doch haben beide recht. Da Inga und Matthias gut befreundet sind, wollten sie einander auf einer tieferen Ebene verstehen und gewährten dem jeweils anderen Einblick in die eigenen Gedanken. So wurde ihnen schnell klar, warum das jeweilige Gegenüber so reagiert hatte. Damit war bereits der Grundstein für eine neue Sicht gelegt. Wenn Matthias sich nun von seinen negativen Verknüpfungen distanzieren könnte, diese lösen und genug neue Begriffe mit starken positiven Emotionen zum Thema für sich entdecken würde, dann könnte er das Wort Sicherheit neu besetzen.

Wir haben natürlich das Recht auf diese individuellen Gefühle, sie sind für uns richtig und daher von anderen nicht zu beanstanden. Wenn wir also durch solche Verkettungen dem Wort Sicherheit eine negative Emotion zuschreiben, dann ist das völlig in Ordnung. Nichtsdestotrotz sind wir aber auch jederzeit in der Lage, das wieder zu verändern. Aber warum sollten wir das tun? Warum sollten wir unsere Gefühle zu bestimmten Themen ändern, und was haben wir davon? Ganz einfach, weil wir uns vieler positiven Seiten und Erfahrungen berauben, wenn wir uns von der Negativität eines belastenden Wortes zu stark leiten lassen.

Meine Assistentin Irina hat eine extrem negative Bewertung für das Wort Beziehungen aufgebaut. Sie empfindet Beziehungen als einengend, fürchtet Schmerz und Verletzung und will daher ihre Freiheit nicht aufgeben. Sie geht mit einer solchen Voreingenommenheit an das Thema Beziehungen – im Sinne einer Partnerschaft – heran, dass sie regelrecht Angst verspürt. Sie verbindet unendlich viele negative Assoziationen damit: Schmerz, Verletzbarkeit, Illoyalität, Enttäuschung, Zeitverschwendung, Verzicht, Unterlegenheit, Abhängigkeit, Verlust und Langeweile. Was glauben Sie wohl, welche Emotionen Irina bei dem Thema entwickelt und wie hilfreich ihre Gefühle für ihre persönlichen Beziehungen sind? Logisch, sie bleibt damit Beziehungen fern oder geht schnell einen Schritt zurück, wenn sich zufällig doch etwas in diese Richtung entwickelt. Aber damit beraubt sie sich selbst auch der schönen Seiten. Denn natürlich gibt es sehr gute Aspekte einer Beziehung, die Irina selbst auch als positiv betrachtet. Trotzdem, die negativen Emotionen überwiegen, und Irina bleibt allein. Denn alle positiven Eigenschaften der Nähe einer innigen Partnerschaft bleiben aus oder werden zunichte gemacht, wenn man sich wie Irina nur auf die gedankliche Seite der Angst und des Unwohlseins begibt.

Wir praktizieren oft ein sehr fatales Denken. Und noch schlimmer, wenn wir diese negativen Verbindungen erst einmal geschaffen haben, verknüpfen wir sie ganz automatisch und sind so fokussiert darauf, dass wir die ebenso vorhandenen positiven Elemente völlig ausblenden. Wir vergessen dann regelrecht, dass es auch gute Seiten gibt.

Worauf wir uns konzentrieren, wird mehr – insbesondere in unserer Wahrnehmung.

Es ist also durchaus sinnvoll und ratsam, unsere Bewertungen zu einigen Begriffen und Angelegenheiten zu prüfen und gegebenenfalls anzupassen oder zu ändern – zumindest, wenn wir ein glückliches Leben führen wollen. Natürlich sind wir niemals davor gefeit, unerfreuliche Erfahrungen zu machen. Niemand kann ein Leben ohne schlechte Erfahrungen verzeichnen, sie sind für unsere Entwicklung unerlässlich. Aber wir haben die Wahl, wie wir damit umgehen. Wir können jederzeit entscheiden, welches Gewicht wir den Dingen geben und welche Emotionen wir ihnen zuordnen. Auch das ist unsere persönliche Mission Verantwortung.

Wir haben nicht nur die Verantwortung für unser Denken und Handeln, sondern auch für unsere Gefühle. Unsere Emotionen sind ausschlaggebend für unsere nächsten Gedanken und Verhaltensweisen und damit auch wieder Ursache in dem stetig stattfindenden Spiel von Ursache und Wirkung. Der Erfolg unseres ganzen Lebens hängt davon ab, ob wir die Verantwortung für unseren Kopf, unseren Körper und unsere Gefühle übernehmen. Auch jeder einzelne Bereich unseres Circle of Life ist abhängig davon, ob beziehungsweise in welcher Form wir die Verantwortung für jeden Bereich übernehmen und ihr gerecht werden. Wenn wir also wissen, dass die Verantwortung der entscheidende Faktor für die positive Gestaltung einer oder gar aller Bereiche unseres Lebens ist, dann wäre es wohl ausnahmslos nützlich, positive Emotionen mit der Verantwortung zu verbinden und sie regelrecht lieben zu lernen.

IHRE MISSION VERANTWORTUNG

Gibt es Worte und Begrifflichkeiten, die Sie negativ bewerten, bei deren Erwähnung Sie regelrecht zusammenzucken? Welche möglichen positiven Aspekte blenden Sie dabei bisher aus? Für welche Erfahrungen würde sich eine Umdeutung lohnen?

Liebe zur Verantwortung entdecken

Wenn im Leben gerade alles prima funktioniert, benötigen wir keine Verbesserungsprozesse und auch keinen moralischen Beistand. Wenn allerdings die Dinge nicht so recht laufen, wir mit Schwierigkeiten und Hindernissen zu kämpfen haben, die gewünschten Erfolge auf sich warten lassen oder wir einfach nur nicht glücklich und zufrieden sind, dann ist es besonders wichtig, der Verantwortung für unser selbstbestimmtes Leben nachzukommen. Das bedeutet, dass wir einige Dinge anders machen müssen als bisher, dass also Veränderungen anstehen und dass wahrscheinlich hohes Durchhaltevermögen gefragt ist. Wer diese Phase auf sich nimmt und durchhält, wird eine ganz neue Liebe zur Verantwortung entdecken. Auf jeden Fall bringt diese neue Liebe und Hingabe zur Verantwortungsübernahme ganz sicher viele Vorteile und keinerlei Nachteile mit sich. Angenehme Emotionen schaffen erfahrungsgemäß einfach mehr Motivation und Begeisterung, die wiederum durch mehr Einfallsreichtum, Konzentration und Energie für bessere Ergebnisse sorgen. Ein Reigen von Emotionen im positiven Sinn. Sollten Sie Ihre Verantwortung nicht lieben, nicht mögen oder sogar hassen, werden Ihre Stimmung, Ihr Einsatz und in der Folge Ihre Ergebnisse entsprechend sein. Sie haben die Wahl, es ist wieder einmal Ihre Entscheidung.

Die Spielregeln des Erfolgs lieben

Ein glückliches und erfolgreiches Leben führen, das möchte jeder. Um das zu erreichen, müssen wir die Spielregeln des Erfolgs kennen, beachten und befolgen. Es beginnt bereits damit, dass jeder seine Träume leben will, diese jedoch oftmals gar nicht genau kennt. Alle Menschen wollen immer ein Leben genau nach ihren Vorstellungen führen – und wenn man sie danach fragt, wissen sie meist gar nicht, was genau sie denn wollen. Die Antworten sind oft eine rosafarbene Mischung aus Werbespots und *den Geißens*. Besonders beeindruckend empfinde ich die Aussagen so manches siebzehnjährigen Nachwuchsstars der TV-Talentshows, dass er schon »ein Leben lang« davon träumte, ein Star zu sein. Hier wäre sicher schon die Aufklärung über die Vor- und Nachteile im Leben eines Stars gesellschaftlich hilfreich, und vielleicht auch ein erster Schritt für den Einzelnen bei der Suche nach seinen eigenen Vorstellungen. Das oberste Gebot eines glücklichen und erfolgreichen Lebens ist die Entwicklung von Klarheit. Wir müssen Klarheit über unsere Vorstellungen und Werte schaffen und uns dementsprechende kurz-, mittel- und langfristige Ziele setzen. Diese Dinge müssen im Einklang stehen, damit Sie nicht nur Ihre Ziele erreichen, sondern am Ende auch damit glücklich sein können.

Die Boxweltmeisterin Ikram Kerwat hatte zu Beginn unserer Zusammenarbeit im Rahmen eines Mentoringprogramms bereits ganz klare Vorstellungen ihrer sportlichen Erfolge, aber auch schon den Sinn dahinter für sich entdeckt. Es ging ihr nicht nur um die sportlichen Triumphe, sondern um ihre eigenen Wertvorstellungen. Sie wollte ihrer Stimme durch den Gewinn des Titels mehr Gehör verschaffen und mit verschiedenen Organisationen etwas für die Kinder auf dieser Erde tun. Darauf konnten wir aufbauen. Die Grundlage unserer Arbeit war die Verantwortung, die Ikram ganz klar zu übernehmen bereit war. Mit aller Kraft und allen eventuellen negativen Konsequenzen. Wir müssen die Entscheidung treffen, unsere Pläne umzusetzen und uns bewusst sein, dass wir uns damit automatisch auch gegen viele andere Wege und Gegebenheiten entscheiden. Und dass wir eventuell einen unbequemen, harten Weg wählen. Einen Weg, für den wir die kontinuierliche Verantwortung übernehmen müssen, auch und gerade dann, wenn es einmal nicht so gut läuft.

Wenn Sie sich für eine Karriere als Profisportler entscheiden, dann muss Ihnen klar sein, dass Sie sich damit auch gegen Partyleben, zügelloses Essverhalten und Phlegma entscheiden. Für Ikram war es leichter, ihre Disziplin zu leben, weil Ihr Verhalten einen großen, übergeordneten Sinn ergab.

Alle notwendigen Erfolgsfaktoren kommen uns nicht zugeflogen, sie müssen meist lange und hart erarbeitet werden. Und erst dann entscheidet es sich, ob es wirklich um unsere Mission geht.

Nach einer herben Niederlage mit einer schweren Verletzung aus dem Ring steigend, war es für die erfolgsverwöhnte Boxerin Ikram eine höchst anspruchsvolle Aufgabe, an ihrer Mission Weltmeisterschaft festzuhalten. Allein die mentale Herausforderung, weiterhin an den großen Sieg zu glauben, war eine Höchstleistung. Wir alle kennen diese Rückschläge und Niederlagen, die uns den Boden unter den Füßen wegziehen. Doch genau dann zeigt es sich, ob wir unserer Verantwortung wirklich gerecht werden wollen. Wenn ja, dann heißt es weitermachen und nicht aufgeben – aber intelligenter, stärker und besser als je zuvor.

Mut, Durchhaltevermögen und Disziplin auf dem Weg der Mission

Ikram stellte sich ihrer Mission. Sie musste sich mit dem Trainerstab und ihrem Management auseinandersetzen, die richtigen Kontakte knüpfen und betreuen, gute Kämpfe bei tollen Veranstaltungen bekommen und Sponsoren an der Seite haben. Sie brauchte eine Menge Mut und Durchhaltevermögen, um die wochenlangen Vorbereitungen der Kämpfe in den USA zu bestreiten. Sie nahm es dazu auf sich, sehr lange von ihrer in Deutschland lebenden Familie und ihren zwei noch sehr kleinen Kindern getrennt zu sein. Sie brauchte nicht nur Courage, sondern auch eine Menge Energie, um zwei bis drei Trainingseinheiten pro Tag körperlich zu bewältigen. Und vor allem höchste Disziplin hinsichtlich ihres strikten Tagesablaufs. Wir brauchen eine riesengroße Portion Mut, um die bisher gegangenen eingetretenen Pfade zu verlassen und unsere daraus resultierenden Ängste zu überwinden.

Viele Menschen bewundern Sportler, die Großes erreichen, beneiden deren Vermögen und ihren Lebensstil, aber vergessen und übersehen den Preis, den diese Athleten jahrelang, manchmal jahrzehntelang, bezahlt haben und noch bezahlen. Nur durch äußerste Disziplin und Härte, vor allem sich selbst gegenüber, kann es einem Sportler gelingen, über einen langen Zeitraum hinweg Höchstleistungen zu erreichen. Das erfordert hohe Opfer und Verzicht auf vieles, was das Leben lebenswert macht. Dieser Weg ist kein leichter. Nur das absolute Brennen für eine bestimmte Mission, die man glühend vor Augen hat, lässt einen in diesen Momenten durchhalten und sich der Verantwortung weiterhin stellen.

So wie Ikram. Sie blieb mit allem, was sie hatte, an ihrer Mission Weltmeistertitel dran. Sie war bereit, alle notwendigen Opfer zu bringen, für dieses eine, gigantische Ziel. Im Titelkampf erlitt sie einen Jochbeinbruch. Aber sie gab nicht auf und kämpfte weiter. Und sie schaffte es. Sie errang den Weltmeistertitel im Boxen. Einer der vielen Preise, die sie dafür bezahlt hat, war eine weitere schwere Verletzung, noch dazu eine, die das Aussehen einer Frau für immer zerstören kann. Was tat Ikram? Nahm sie sich Zeit, die Verletzung richtig auszuheilen, ein paar Tage oder Wochen zu pausieren, sich zu erholen? Auf der Couch zu lümmeln, mit ihren Kindern zu spielen? Nein, sie stieg sofort wieder ins Training ein und verschrieb sich dem nächsten Ziel. Denn für sie ist Ihre Mission noch nicht zu Ende.

Genau hier zeigt sich der Unterschied. Eine wahre Mission zu verfolgen ist nicht immer vernünftig und schon gar nicht nachvollziehbar. Tatsächlich bringt aber gerade dieser Wahnsinn neben dem scheinbaren Verzicht so viel Freude, dass nur jene diesen Zustand erleben, die sich wirklich hingeben und sich einer Sache fest verpflichten. Die meisten Menschen erfahren nie den eigentlichen Wert der Disziplin, die uns – richtig angewendet – so viel Leichtigkeit und Freiheit ins Leben bringt.

Wer aufgibt, hat keine Mission

Wenn Sie Ihre Mission Verantwortung wirklich leben wollen, dann müssen Sie sich einmal fix dafür entscheiden und dabei bleiben, egal was kommt. Ihre Mission liegt in Ihrer Verantwortung und Sie müssen sie lieben, auch und besonders, wenn es schwierig wird. Denn wenn Sie sie nicht lieben, werden Sie aufgeben. Und wenn Sie aufgeben, dann hatten Sie keine Mission. Wenn Sie keine Lust mehr haben, dann müssen Sie eben ohne Lust weitermachen. Wenn Sie schwach werden, müssen Sie Ihre Stärke zurückgewinnen. Und wenn Sie nicht mehr können, dann denken Sie an den Spruch: Wenn du nicht mehr kannst, dann musst du eben!

Jedes Kind weiß heute theoretisch um die Spielregeln des Erfolgs und jeder Sechzehnjährige lehrt per Instagram sinnschwer die Bausteine eines erfolgreichen Lebens. Von der organisierten Planung über viel Ehrgeiz, Willensstärke, Wissen, Disziplin, Mut, guten Beziehungen, jeder Menge Energie bis hin zum Training wird alles erwähnt, ohne je auch nur die Bedeutung dieser Eigenschaften annähernd zu erfassen. Dabei sind es die Erlebnisse in der Praxis, die das echte Leben von der Theorie unterscheiden. Es ist der alltägliche Wahnsinn, der die Dinge viel schwieriger macht als die Lehren scheinen. Es ist der Zeitraum einiger Jahre, der nach Flexibilität und gleichzeitiger Beständigkeit verlangt, und es sind die verschiedenen Lebensphasen, die mit der Theorie plötzlich nichts mehr zu tun haben und das gesamte Spiel in einem völlig neuen Licht erscheinen lassen.

Wir müssen uns auf unsere Aufgabe konzentrieren, um diszipliniert zu bleiben und uns stets auf unsere Vorhaben fokussieren. Viel zu viele Ablenkungen prüfen unsere Willensstärke, doch wenn es bei unseren Vorhaben wirklich um mehr als um ein paar vage Wünsche geht, dann können wir gar nicht scheitern. Wir müssen unsere Mission leben und lieben, um mehr und mehr aus unserer Komfortzone herauszutreten. Wir sind verantwortlich für unsere Mission, und diese erfordert nun einmal Höchstleistungen.

Wenn Sie nicht nur Klarheit über Werte und Ziele entwickelt haben, sondern auch einen Lebenssinn, aus dem sich Ihre Mission ableitet, wenn Sie an Ihren Erfolg wirklich glauben und absolut alles geben, wenn Sie all die sogenannten Erfolgsfaktoren erlangen und anwenden, dann brauchen Sie im Wesentlichen nur noch eines: Ausdauer.

Geduld versus Ausdauer

Ausdauer ist – wie ich immer wieder feststellen darf – eine oft missverständlich interpretierte Eigenschaft. Ausdauer wird häufig mit Geduld gleichgesetzt oder vermischt, was leider völlig unzutreffend ist. Natürlich müssen Sie in gewisser Weise auch geduldig sein, weil nun einmal alles seine Zeit braucht. Doch Sie dürfen auch getrieben sein von Ungeduld, denn Ungeduld zeigt Ihre Leidenschaft zur Erfolgsorientierung und treibt Sie weiter an, in Richtung Veränderung und Verbesserung. Ungeduld wird gern als Schwäche eingestuft. Das ist sie meines Erachtens aber nicht immer. Denn jemand, der ungeduldig im Sinne von erfolgshungrig ist, wird seine Anstrengungen verdoppeln, um schneller am Ziel zu sein. Wenn Ihre Ungeduld Sie aber daran hindert, Ihre Aufgaben konzentriert und diszipliniert zu Ende zu bringen, dann ist sie definitiv ein schwächender Faktor.

Ausdauer wird auch gerne mit den Attributen »aussitzen« oder »einfach so weitermachen« verbunden, was es meiner Meinung nach absolut nicht trifft. Doch leider wird das oft falsch interpretiert. Aufgeben und Durchhalten heißt in den meisten Fällen eben nicht »einfach weiterstrampeln«, sondern kann, wenn Sie Erfolge erzielen wollen, nur mit intelligenten Veränderungen verbunden sein. Die Mär vom Goldgräber, der kurz vor dem Fund eines riesigen Schatzes an der richtigen Stelle aufhört und an einer anderen Stelle weiter gräbt, ist für mich pure Fiktion, viel zu oft verbreitet worden und taugt als Positivbeispiel für Ausdauer ganz und gar nicht. Wenn nämlich der gute Mann an seiner Art und Weise des Goldsuchens nichts ändert, kann er bis zum Sankt-Nimmerleinstag vor sich hin graben und wird noch immer goldlos ins Jenseits abtreten.

Dementgegen steht die ebenso beliebte Floskel »Wenn das Pferd tot ist, steig ab.« Die Erfolgs- und Motivationsexperten dieser Welt werfen mit klugen Ratschlägen gerne um sich, doch wir sollten diese Dinge nicht ungeprüft einfach so übernehmen. So manche Aussage taugt nüchtern betrachtet nicht einmal mehr als Metapher, denn das Pferd hat als Transportmittel seit bereits mehr als hundert Jahren ausgedient und die heutige Generation versteht den Zusammenhang vielleicht ja gar nicht mehr. Vergessen Sie sinnentleerte Floskeln wie diese, denken Sie selbst!

Ausdauer bedeutet nämlich gerade nicht ein bloß stupides Ausharren. Ausharren und einfach wie bisher weitermachen, ergibt in den allermeisten Fällen überhaupt keinen Sinn. Es wiederholt nur den Misserfolg und vergrößert die Frustration. Warum sollte sich etwas ändern, wenn wir es wieder und wieder genauso durchführen? Albert Einstein soll bereits gesagt haben: »Wahnsinn ist, immer das Gleiche zu tun und andere Ergebnisse zu erwarten.« Dem ist nichts hinzuzufügen.

Nach einem Sportunfall hatte ich sehr, sehr viele Monate mit meiner Rehabilitation zu tun. Ich hatte mir beim Wakeboarden förmlich das Unterbein abgerissen. Sprunggelenk, Waden- und Schienbein waren gebrochen und sämtliche Bänder gerissen. Der Fuß hing nur noch an der Haut; allerdings verkehrt herum. Insgesamt verbrachte ich nach den ersten drei Operationen etwa eineinhalb Jahre damit, wieder laufen zu lernen. Ich trainierte diszipliniert, kontrolliert und in allen Varianten. Doch trotz intensivstem Training – und glauben Sie mir, ich habe wirklich gearbeitet – konnte ich nach dieser Zeit nur noch etwa fünfzig Meter am Stück laufen, bevor die Schmerzen mich zwangen, aufzuhören. Wenn ich weiter trainiert hätte, würde ich heute vermutlich gar nicht mehr laufen. Sturheit und Ausdauer im Sinne von Wiederholungen hätten in diesem Fall rein gar nichts bewirkt. Denn die Knochen und Gelenke passten nicht mehr zueinander, wie sich später herausstellte. Es waren einfach weitere Operationen notwendig. Aber ich bin drangeblieben und hatte die richtige Ausdauer. Ich gab mich nicht mit den bisherigen Diagnosen zufrieden und suchte immer wieder neue Ärzte, Osteopathen und Physiotherapeuten auf. Es musste einfach eine Möglichkeit geben, meinen Zustand zu verbessern. Immer wieder schmetterte man mir die Aussage entgegen, ich solle doch froh sein, dass das Bein noch dran sei – doch das reichte mir nicht. Ich war noch viel zu jung, um mich damit abzufinden. Ich fand schließlich einen Spezialisten, von dem ich bislang nicht einmal wusste, dass es eine solche Spezialisierung gab: Fuß- und Sprunggelenk. Eine neuerliche Operation war nach intensiven Untersuchungen unvermeidlich, aber erst in ein paar Monaten waren wieder Termine frei. Ich richtete meine Termine und Urlaubszeiten für das gesamte Jahr danach aus und brachte mich für die neue Operation punktgenau in Topform. Endlich sollte es losgehen – und dann würde alles besser werden. Eine Woche vor dem geplanten Operationstermin klingelte das Telefon. Der Termin wurde abgesagt. Der Operateur hatte doch keine Zeit.

Doch meine Mission war klar! Und so gab ich auch jetzt nicht auf und fand den nächsten Spezialisten. Das Leben meinte es wohl gut mit mir, denn zu ihm kommen Menschen aus aller Welt angereist, und so war er sogar sicher die noch bessere Wahl. Wenn Dinge nicht wie ursprünglich geplant funktionieren, hat es oft einen tieferen Sinn. Die Operation dauerte fünf Stunden und war ein Erfolg. Auch diese Reha dauerte wieder circa achtzehn Monate und war psychisch deutlich schlimmer als ich erwartet hatte. Wieder trainierte ich täglich und diszipliniert. Ich hatte Angst, zu früh zu viel zu belasten und war daher noch umsichtiger als beim ersten Mal. Wieder musste ich die Therapeuten wechseln, als es keine Fortschritte mehr gab, doch ich gab auch diesmal nicht auf und blieb dran. Jeden Tag. Bis heute. Das ist jetzt fünf Jahre her. Ich werde dieses harte Trainingsregime mein ganzes Leben beibehalten müssen. Ich werde es tun. Denn ich kenne meine Mission.

Ausdauer muss also eindeutig anders interpretiert werden. Ausdauernd zu sein, heißt auf der einen Seite durchaus, weiterzumachen und stur bei der Sache zu bleiben, ein bestimmtes Ziel im Auge habend! Aber es bedeutet auch, die bisherige – nicht erfolgreiche Vorgangsweise – neu zu überlegen und zu adaptieren. Das ist kein einfacher Prozess. Sie werden vermutlich mehrere Veränderungen ausprobieren müssen, um einen erfolgversprechenden neuen Weg zu finden, an dem Sie dann wieder ausdauernd dranbleiben.

Nicht aufzugeben ist an sich nicht löblich, wenn es bei dem miserablen Ergebnis bleibt.

Erfolgsbremsen identifizieren und lösen

Ausdauer zu demonstrieren, ergibt nur dann einen Sinn, wenn dadurch der gewünschte Erfolg erreicht wird. Alles andere ist gelebte Dummheit und Sturheit. Sie müssen bis in die tiefsten Tiefen die Verantwortung für Ihr Denken und Ihre Handlungen übernehmen und nicht nur irgendwo gehörte Weisheiten – wie zum Beispiel die mit dem toten Pferd – einfach übernehmen. Sie sollten dazu Ihre eigene Situation individuell betrachten und richtig einschätzen. Nur Sie können erkennen, was gerade Sache ist und was Sie verändern sollten, damit Sie weiterkommen. Auf den Erfolgsstraßen des Lebens finden nun einmal komplexe Abläufe statt. Und Erfolg ist sowieso höchst individuell und nicht immer so einfach zu erlangen, wie wir es uns wünschen. Analysieren Sie deswegen ganz genau, welcher Punkt Sie noch am nächsten Schritt Ihrer Entwicklung hindern könnte. Und dies ist nicht nur persönlich unterschiedlich, sondern auch zeitlich. Wir entwickeln uns weiter – heute fehlt uns vielleicht die Disziplin, morgen ist es möglicherweise der Glaube daran, das geplante Ziel auch zu erreichen. Je nachdem sind Sie dann aufgerufen, Ihr Denken und Handeln entsprechend zu justieren, um diese inneren Bremsen zu lösen.

Wie ich in einem früheren Kapitel schon erwähnt habe, war die Scheu vor Konflikten eine meiner größten Bremsen im Leben. Natürlich gab es noch weitere Dinge, die mich zurückhielten, doch diese Bremse war eine Weile sehr dominant. Als ich sie gelöst hatte und mich allen Konflikten sofort stellte, kam gleich ein neuer Minimumfaktor zum Vorschein, der mich am Erfolg hinderte und den es galt, loszuwerden. Entgegen der Behauptungen, wir müssen uns nur auf unsere Stärken stürzen und diese ausbauen, bin ich ein absoluter Fan davon, auch unsere Schwächen zu verbessern. Denn was nützt es einer Pflanze, die Wasser braucht, wenn Sie ihr mehr Licht geben? Es wird Ihnen vermutlich nicht gelingen, alle Ihre Schwächen für immer auszumerzen. Aber wenn Sie es schaffen, nur einige davon unter Kontrolle zu bekommen, sind Sie auf Ihrem Erfolgsweg garantiert wieder ein Stück weiter.

Betrachten Sie Erfolg doch als einen immerwährenden Prozess. Wenn Sie sich kraftvoll dafür entscheiden, den Dynamiken dieses Prozesses zu folgen, dann müssen Sie auch die volle Verantwortung für ihn übernehmen und für jeden einzelnen notwendigen Schritt Sorge tragen. So werden Sie das gewünschte Ergebnis sicher erreichen. Und ich kann Ihnen versprechen, es gibt dabei kein Ende. Nicht, weil Sie Ihre Erfolge nicht realisieren, sondern weil Sie bereits vor dem Erreichen neue zukünftige Vorhaben entdecken werden. Machen Sie sich bloß keine Sorgen, was nach der Erreichung Ihres Ziels kommt. Ich hatte früher unbewusst Angst vor der Leere, die mich überfallen könnte, wenn ich alle meine Ziele erreicht hätte. Heute weiß ich, diese Leere wird es niemals geben. Wenn wir strebsam sind und die Erfahrungen unserer ständigen Entwicklung genießen, haben wir eines Tages gelernt, dass es nicht die Ergebnisse sind, die uns antreiben. Es ist der Prozess. Es ist das, was wohl gemeint ist, wenn es so schön heißt »Der Weg ist das Ziel« und wir verstanden haben, dass es wirklich immer nur um den Weg geht.

IHRE MISSION VERANTWORTUNG

Nehmen Sie sich ein wenig Zeit und überlegen Sie, welche inneren und äußeren Bremsen bei Ihnen eine Rolle spielen und Sie von ganz großen Erfolgen abhalten könnten. Was hindert Sie heute daran, noch erfolgreicher zu sein? Welche Gründe fallen Ihnen ein? Und vor allem, was ist der Hauptgrund?

Teil 3 –
Der Segen der Verantwortung

9.
Der Verantwortung gerecht werden – und wundersame Dinge geschehen

Staunen: Wunder erstaunen alle, die für ihr Erscheinen keine Verantwortung tragen.

Dr. Marc Kraft (*1967) , früher Jagdflieger,
jetzt Medizintechnikentwickler mit Lehrauftrag

Wenn ich angefangen habe. Wenn ich alle Schritte gegangen bin. Wenn ich weitergemacht habe. Wenn ich jeden einzelnen Punkt erfüllt habe.

Wenn ich meine Verantwortung gesehen habe.
Wenn ich meine Verantwortung angenommen habe.
Wenn ich meine Verantwortung getragen habe.
Wenn ich meiner Verantwortung gerecht geworden bin.

Dann plötzlich ergeben sich wundersame Dinge. Dann plötzlich zeigt sich der Erfolg. Dann plötzlich scheint uns das Glück zuzufliegen.

Sollten Sie jetzt skeptisch die Augenbrauen hochziehen, kann ich das sehr gut verstehen. Aber lesen Sie weiter …

Die Spirale des Lebens

Plötzlich fliegt das Glück uns zu. Eigentlich unmögliche und völlig verrückte Zufälle stellen sich ein. Doch bei genauerem Hinsehen ist es weder unmöglich noch verrückt, sondern einfach eine logische Konsequenz. Wenn wir unsere Verantwortung voll übernommen und uns einer Sache tief verschrieben haben, dann beginnen wir diesen Weg zu gehen. Zu Beginn treffen wir üblicherweise auf zahlreiche Hindernisse und Schwierigkeiten. Hürden und Probleme machen uns das Leben schwer und bringen uns oft an den Rand der Verzweiflung. Auf diese Weise gewöhnen wir uns an die Widerstände, bis sie eines Tages völlig normal erscheinen. Wir gehen mit diesen Problemen irgendwann ganz unaufgeregt um und betrachten sie als einen Baustein des Erfolgs. Da uns dies nicht nur im Beruf, sondern in jedem Bereich so geht, sehen wir die Anwesenheit von Problemen als fixen Bestandteil des Lebens. Wir sind so an sie gewöhnt, dass wir keinerlei Zweifel daran haben, dass sie immer mit von der Partie sind. Ausnahmslos. Und dann geht eines Tages eine Sache glatt. Ohne Schwierigkeiten, ohne Hindernisse – sie funktioniert einfach! Wir sind bass erstaunt, dass da plötzlich etwas völlig reibungslos läuft. Wir wundern uns. Und wenn etwas Erstaunliches und Verwunderliches geschieht, etwas Unvorhergesehenes und Außergewöhnliches, dann bezeichnen wir das als Wunder. Ein Wunder ist also nicht zwingend etwas, das gegen die Naturgesetze verstößt, sondern gegen unsere Erfahrungswerte und unsere Vorstellungskraft.

Wir haben gelernt, dass nichts im Leben einfach ist und sind dann völlig verblüfft, wenn es doch mal vollkommen easy abläuft. Ein Wunder ist geschehen! Was wir dabei übersehen: Wir machen uns unsere Wunder selbst. Das Zitat zu Beginn dieses Kapitels bringt es perfekt auf den Punkt. Wir brauchen über unsere Wunder nicht zu staunen, weil wir sie zu verantworten haben.

Interessanterweise überschlagen sich die positiven Ereignisse, wenn dieser vermeintlich wundersame Weg erst einmal begonnen hat. Wenn wir den Anfang geschafft haben und uns nicht vor lauter Nicht-glauben-können wieder selbst blockieren, dann beginnt plötzlich ein völlig neues Leben. Dann kommt eins zum anderen und Erfolge reihen sich wie Perlen an der Kette aneinander.

Wenn wir einmal in die Spirale des Erfolges eingetreten sind, dann werden Wunder wahr.

Tatsächlich ist das Bild der Spirale in zweierlei Hinsicht sehr passend. Zum einen lässt sie uns die Unendlichkeit erahnen, die in beide Richtungen besteht, ins Positive wie ins Negative. Zum anderen zeigt sie uns, dass, je nachdem von welchem Punkt aus wir sie betrachten beziehungsweise starten, wir uns einer Sache nähern oder uns weiter von ihr entfernen. Es ist dabei völlig egal, in welche Richtung wir gerade unterwegs sind, wir sind im Fluss. Wenn wir uns weg von unseren Zielen bewegen, sind wir ebenso im Fluss wie auf dem Weg dorthin. Nur eben nicht in die gewünschte Richtung. Eine Umkehr ist in beiden Fällen nicht ganz so einfach.

Sie können auch nicht im fünften Gang aus voller Fahrt den Rückwärtsgang einlegen und umdrehen. Übrigens auch nicht umgekehrt, also vom Rückwärtsgang in den Vorwärtsgang. Keine Automatik der Welt gibt diese Möglichkeit her. Also müssen wir unsere Reise erst verlangsamen und sie dann stoppen. Erst dann können wir die Richtung ändern. Das ist in der Praxis natürlich sehr mühsam und frustrierend, wenn wir uns, trotz aller Anstrengungen, nicht unseren Wünschen genähert, sondern uns von unseren Erfolgen entfernt haben. Und es macht deutlich, wie schwierig es ist, den Prozess des Misserfolgs zu durchbrechen und zu verändern.

Doch es ist auch genauso schwierig, den einmal laufenden Prozess des Erfolgs zu unterbrechen. Wir müssten auch hier erst allerlei Anstrengungen unternehmen, um die Richtung zu wechseln und den Erfolg zu verhindern. Auf diesem positiven Weg müssten wir ebenso erst langsamer werden und dann stoppen, um umzukehren. Aber wer will das schon?

Der Beginn des echten Erfolgs

Wenn wir nun auf dem Weg zu unseren gewünschten Erfolgen sind, ist der wichtigste Schritt gemacht. »Aller Anfang ist schwer« heißt es so schön, und in der Tat, er ist wohl das schwerste. Sind wir erst einmal unterwegs und bremsen uns nicht selbst, beginnt die Zeit der Leichtigkeit. Wenn Sie in diesem Moment die Verantwortung nicht gleich wieder abgeben, dann können Sie vermutlich einen Erfolg nach dem anderen feiern. In dieser Phase treffen Sie auch bewusst und unbewusst die Entscheidung, wie es weitergeht.

Beobachten Sie daher alle Bereiche ganz genau, wenn diese plötzlichen Segnungen in Ihr Leben treten. Einige Menschen sind sehr überrascht und halten es für einen einmaligen Zufall. Andere trauen dem Glück nicht und erwarten sofort wieder das Gegenteil. Und wieder andere genießen den ersten Erfolg und ruhen sich auf diesen Lorbeeren eine Weile aus. Nur einige wenige Menschen bleiben jetzt dran und machen mit Volldampf und in bester Erwartung weiter. Natürlich, der Weg bis hierher war meist sehr anstrengend und alles in Ihnen mag nach einer Verschnaufpause schreien. Doch genau jetzt ist von dieser massiv abzuraten, weil die Gefahr zu groß ist, dass Sie damit ihren Erfolgsstrang unterbrechen und wieder von vorne beginnen müssen.

Ein Flugzeug braucht zum Start den vollen Schub. Der Pilot muss Vollgas geben, um eine gewisse Geschwindigkeit zu erreichen – dafür braucht es einige hundert Meter. Erst wenn diese Geschwindigkeit erzielt ist, zieht der Pilot die Maschine hoch, die jetzt abheben und in die Lüfte steigen kann. Aber auch jetzt noch muss der Pilot weiter vollen Vorschub geben. Erst wenn das Flugzeug hoch genug gestiegen ist, darf der Flugzeugführer etwas Gas wegnehmen und kann in den Gleitflug übergehen. Was würde passieren, wenn der Pilot auf der Startbahn oder in der Aufstiegsphase das Gas zurücknimmt? Sie müssen keine Flugausbildung genossen haben, um es zu erahnen. Im besten Fall kann er rechtzeitig bremsen, steht nun am Ende der Startbahn, verliert eine Menge Zeit und darf irgendwann wieder zurückfahren, um den Start noch einmal zu probieren. Im schlimmsten Fall zerschellt das Flugzeug am Boden.

Wer dranbleibt wird belohnt

Exakt diese Situation finden wir im übertragenen Sinne vor, wenn wir uns auf unserem Weg zu früh zurücknehmen oder gar ausruhen. Entweder fangen wir nach einer mühseligen Ehrenrunde von vorne an oder landen inmitten einer Katastrophe. Doch diejenigen, und ich hoffe, Sie gehören dazu, die ihre Mission vollständig angenommen haben und sie mit voller Kraft leben, erfreuen sich bester Ergebnisse. Das kann gar nicht anders sein. Sie geraten in die vorhin erwähnte köstliche Positivspirale und erleben eine Menge positiver Zufälle, die Ihren Weg unterstützen. Sie bekommen Hilfe, wo eigentlich keine Hilfe zu erwarten war und lernen neue Menschen kennen, die Ihrem Vorhaben förderlich sind. Sie haben Begegnungen, die nach Glücksfällen aussehen. Ihnen fliegen Dinge zu, die schier unglaublich scheinen. Sie entdecken Bücher, die Ihr gesuchtes Thema behandeln, sehen Fernsehsendungen, die scheinbar nur für Sie gedreht wurden und besuchen Veranstaltungen, die die Lösung für Ihre Probleme liefern. Natürlich geschieht das nicht immer in grenzenloser und lawinenartiger Fülle, manchmal plätschert es auch dahin und wirft Ihnen immer wieder ein nur kleines Erfolgserlebnis vor die Füße.

Doch solange Sie auf dem rechten Weg sind, ergeben sich immer wieder neue Dinge und ganz automatisch geht es weiter und weiter. Interessant ist auch hier die Entwicklung. Was anfangs kaum vorstellbar war, rückt Stück für Stück in greifbare Nähe.

Meine Freunde Katja und Uwe wünschten sich unbedingt ein Kind. Leider wollte es nicht so recht klappen. Sie unternahmen alles Mögliche, doch eine Schwangerschaft stellte sich einfach nicht ein. Jeder, der sich schon einmal ein Kind sehnlichst wünschte und erfolglos blieb, kann nachvollziehen, wie es um die beiden stand. Ihre Beziehung wurde immer angespannter, was die Dinge nicht leichter machte. Interessanterweise wird die Zeugungskraft des Mannes häufig erst als Letztes überprüft. Nachdem alle möglichen Versuche scheiterten und die Untersuchungen bei Katja keine eindeutigen Ergebnisse ergaben, ging auch Uwe zur Untersuchung. Das Ergebnis war ebenso eindeutig wie ernüchternd: Uwe war zu neunundneunzig Prozent zeugungsunfähig. So stand es in dem Arztbericht, ich habe ihn selbst gesehen. Der Schock war groß, doch Uwe gab so schnell nicht auf. Er fragte die Ärzte, ob durch die Änderung seines Lebensstils eine Veränderung möglich wäre. Schließlich rauchte er stark, trank relativ regelmäßig Alkohol, aß wenig Gesundes, hatte deutliches Übergewicht und bewegte sich mäßig. Der Arzt lächelte mild und verneinte. Es bestünde keine Chance, da müsste er schon schwerster Alkoholiker sein, damit das Einfluss hätte. Und mit Nikotin oder gar der Ernährung hätte es sowieso rein gar nichts zu tun. Trotzdem gab Uwe nicht auf. Er glaubte nicht an die Unumkehrbarkeit dieser Diagnose. Er war der festen Überzeugung, dass der Körper sich vollständig selbst regenerieren und heilen kann. Er hielt sich selbst für so stark, auch mental, dass er sich in kurzer Zeit wieder zeugungsfähig machen könne. Seiner traurigen Frau erzählte er nichts von seiner festen Überzeugung und ließ sie in ihrer Gewissheit, dass es dies nun war. Er wollte, dass sie gedanklich losließ. Doch er krempelte sein komplettes Leben um, hörte auf zu rauchen, trank keinen Alkohol mehr, ernährte sich gesund und begann mit Sport und Bewegung, vorwiegend an der frischen Luft. Er übernahm die volle Verantwortung für seinen Körper und seine Gedanken. Ein halbes Jahr nach dem Beginn dieser radikalen Umstellung wurde Katja schwanger. Der Arzt, der die Zeugungsunfähigkeit bescheinigt hatte, konnte es nicht fassen! Auch Katja konnte es zuerst nicht glauben, war dann aber überglücklich. Nur für Uwe kam diese Entwicklung nicht überraschend, er hatte es von Anfang an gewusst. Er hatte die volle Verantwortung übernommen, wurde ihr gerecht und empfing dafür den Segen.

Die Nase in den Himmel reißen und langfristig oben bleiben

Uwe hat nach der negativen Diagnose nicht resigniert und alle wichtigen Bausteine zum Erfolg auf seine Seite gebracht. Und vor allem in der Umsetzung nicht aufgegeben. Das ist auch die größte Herausforderung dabei. In meinem eigenen Leben gibt es unzählige Beispiele für diverse Start- und Umkehrvarianten, wenn die Schubkraft doch nicht reichte. Meine Sucht betreffend zum Beispiel habe ich es – wie schon früher erwähnt – zig-fach geschafft, den ersten Schritt zu gehen und ein paar Wochen clean zu bleiben. Aber gleich zu Beginn der Startbahn nahm ich den Fuß wieder vom Gas. So konnte ich zwar vor dem totalen Crash gerade noch rechtzeitig bremsen, doch ich musste auch immer wieder von vorne anfangen. Bis ich irgendwann wirklich eine Entscheidung traf, mit voller Kraft handelte, die Nase in den Himmel riss und so lange weitermachte, bis ich sicher in der Luft war.

Meine Finanzen betreffend war ich leider lange Zeit nicht so konsequent. Da trottete ich eher planlos auf dem Flughafen herum, ohne die Startbahn überhaupt zu suchen. Wie viele junge Menschen hatte ich weder Ordnung noch Kontrolle über meine Finanzen, sondern wollte nur reich sein. Später begab ich mich dann doch mal auf die Startpiste und startete auch durch, ohne mich allerdings ausreichend vorzubereiten und riss dann viel zu früh die Schnauze hoch. Ich verdiente ein bisschen was, investierte es gleich wie ein Großer und scheiterte kläglich. Ein anderes Mal ging ich mitten in der Aufstiegsphase voll vom Gas. Alles begann gerade zu laufen – aber – doof beflügelt von diesem Erfolg – machte ich lieber Urlaub und tätigte Anschaffungen. Das Ergebnis ist leicht vorstellbar – ich zerschellte am Boden. Erst als ich eines Tages die volle Verantwortung übernahm und ihr endlich auch gerecht wurde, setzte die langersehnte Wende ein. Nun war es nach all den Fehlern aber umso aufwendiger, sowohl zeitlich als auch energetisch, bis ein gutes und regelmäßiges Einkommen mit Ordnung, Klarheit und Plänen aller Art versehen und tatsächlich tagtäglich kontrolliert war. Doch nach einiger Zeit, in der verschiedenste Versuchungen und Rückschläge meine Ernsthaftigkeit testeten, geschahen die Dinge, die ich selbst schon kaum noch zu träumen wagte. Stück für Stück kamen die Belohnungen plötzlich zu mir – und mit einem Mal war es ein regelrechter Segen, der bei mir eintraf – der Segen der Verantwortung – der die Wunder in mein Leben brachte.

IHRE MISSION VERANTWORTUNG

Haben Sie jemals zu früh aufgehört, Vollgas zu geben? Und was waren die Folgen? Oder waren Sie schon einmal in dem wunderbaren Genuss, dass die ersehnten Erfolge sich plötzlich aneinanderreihten? Vor allem, was haben Sie daraus gemacht? In welchem Bereich Ihres Lebens warten Sie eventuell noch auf die Belohnungen? Überlegen Sie doch einmal, ob Sie Ihrer Verantwortung dort wirklich gerecht geworden sind?

Wir dürfen ernten, wenn wir gesät und uns um die Saat auch ausreichend gekümmert haben! Dabei erkennen Sie selbst am besten, was an Zuwendung erforderlich ist. Natürlich bekommen Sie bei bloß gerade ausreichendem Einsatz auch nur gerade ausreichende Ergebnisse. Bei außergewöhnlichem Einsatz warten außergewöhnliche Ergebnisse. Zumindest über kurz oder lang. So einfach ist das. Es funktioniert tatsächlich. Ich habe das früher nicht wirklich verstanden. Natürlich waren mir die Aussage und die Logik klar, doch die volle Tragweite entzog sich meinem Verständnis. Was es tatsächlich bedeutet, der Verantwortung gerecht zu werden, war mir noch nicht richtig bewusst. Deshalb möchte ich heute insbesondere junge Leute ermutigen und sie auffordern, den Ehrgeiz nicht zu verlieren. Es dauert nun einmal einige Zeit, bis wir die Dinge verstehen und richtig einordnen. Aber wenn wir sie dann verstanden haben, dann können und müssen wir handeln. Und dann bestimmen wir auch die Erfolge!

Wer die volle Verantwortung übernimmt, erspart sich Umwege

An dieser Stelle darf ich noch einmal auf das Beispiel meiner Finanzen zurückkommen, da ich gerade diesen Gesichtspunkt für so wichtig für unsere Gesellschaft halte. Ich hatte ja in meinen Augen bereits eine Entscheidung getroffen und die Verantwortung übernommen. Ich wollte reich werden. Ich wollte viel Geld verdienen. Und es war mir auch klar, dass es machbar ist. Also habe ich gearbeitet und gearbeitet. Ich meinte auch klügere Wege einzuschlagen als alle anderen, und damit sollte es dann wohl reichen. Vor allem schnell sollte es gehen, deswegen unternahm ich ja auch so viel. Aber ich hatte zum Beispiel keinen wirklich guten Plan für den Fall, dass sich meine Ziele nicht so rasch wie gewünscht realisieren lassen würden. Das war für mich einfach keine Option, also wollte ich auch nicht darüber nachdenken. Ich hatte auch keine Lust zu sparen und diverse Ausgabenpläne zu beachten, stand schon gar nicht auf meiner Liste. Ich wollte einfach nur genug Geld verdienen. Meinen ersten Porsche schaffte ich mir mit Anfang zwanzig an und war mächtig stolz darauf. Leider hatte ich keine Vorstellung, wie teuer dessen Reparaturen sein können.

Und so kam es, wie es kommen musste: Ich brauchte einen neuen Motor. Meine kurz darauf erhaltene erste größere Schenkung des Lebens ging komplett für die Rückzahlung eines Austauschmotors drauf! Ich könnte mir heute noch dafür in den Hintern treten. Ich hatte nicht nur die dümmsten Schulden überhaupt gemacht, nämlich Konsumschulden, sondern auch noch die Möglichkeit eines großen finanziellen Fortschritts versäumt. Alles nur, weil ich keine Pläne machen und mich mit der Thematik Geld und Haushalten nicht auseinandersetzen wollte. Diese Dummheiten sollten sich noch öfter wiederholen. Ich hatte die Verantwortung für die finanzielle Freiheit eben noch nicht wirklich übernommen und schon gar nicht war ich ihr gerecht geworden. Erst als ich das endlich tat, durften auch auf diesem Gebiet die Segnungen einsetzen, und alles änderte sich zum Guten.

> *IHRE MISSION VERANTWORTUNG*
> ***In welchem Bereich fehlt es Ihnen eventuell an der letzten Konsequenz, um die Segnungen der Verantwortung annehmen zu können? Wofür wollen Sie aktuell noch Ihrer Verantwortung gerecht werden? Wie können Sie vorgehen, um den Segensfluss zu beschleunigen?***

Aber bei Ihrer Verantwortungsübernahme dreht es sich nicht nur um Geld. Es geht um weit mehr als nur einen einzelnen Bereich des Lebens. Denken wir an den Circle of Life zurück – es geht immer um alles! Sie können sich für jeden einzelnen Bereich Ihres persönlichen Circles den Segen erarbeiten. Sie können sich den Segen für das gesamte Leben erarbeiten, wenn Sie auch die volle Verantwortung für ein ausbalanciertes Leben tragen. Sie können das Gleichgewicht und die Balance steuern. Nur Sie selbst sind dafür verantwortlich. Genießen Sie den Weg, so gut Sie können und bleiben Sie unbedingt am Ball, bis Sie die Ernte sicher einfahren können. Mit Betonung auf sicher! Machen Sie so lange weiter, bis Sie sich im sicheren Luftraum befinden – erst dann schalten Sie einen Gang zurück. Der Segen der Verantwortung wird Ihnen weit mehr positive Erlebnisse und Erfolge bringen, als Sie sich heute vorstellen können. Wenn die positiven Erfahrungen erst einmal in einem Segment angefangen haben, dann verbreiten sie sich meist auch schnell und übertragen sich auf die anderen Bereiche.

Die Segnungen dankbar annehmen

Ich durfte erleben, wie die Liebe zu sich selbst Menschen beflügelt hat und ihre Partnerschaft bereicherte. Bei vielen konnte ich mit ansehen, wie sich ihre mentale Stärke auf alles andere in ihrem Leben übertrug und sie glücklicher, ausgeglichener und mit völlig neuer Kraft über sich hinauswuchsen. Manche konnten ihre Physis stärken, sie wurden fit, energiereich und regelrecht zu neuen Menschen. Wenn ein Mensch seine körperliche Kraft neu entdeckt, geschehen echte Wunder. Die neue Haltung und das veränderte Aussehen bringen Anerkennung von Freunden und Fremden, was nicht nur das Selbstwertgefühl stärkt und neue positive Akzente setzt. Die Beziehungen zu Bekannten, Kollegen und Freunden werden durch diese Anerkennung gestärkt. Ein positives Momentum setzt ein und zieht immer weitere Kreise.

Ich habe Männer gekannt, die durch ihre beruflichen Erfolge bessere Familienväter wurden. Sie konnten nicht nur mehr Geld für sich und ihre Liebsten generieren und damit mehr Sicherheit bieten und mehr Wünsche erfüllen, sondern sie wurden stärker und ausgeglichener. Sie hörten ihren Frauen wieder mehr zu und spielten öfter mit ihren Kindern. Frauen, die jahrelang sich selbst vergaßen und den Sinn ihres Daseins verdrängten, entdeckten sich neu und begannen mit neuer Schaffenskraft Projekte, die ein wahrer Segen für ihre Mitmenschen wurden. Es entsteht ein wunderbarer, positiver Kreislauf, in dem ein Thema das andere befruchtet und anstößt. Wie könnte es auch anders sein?

Wenn Sie bessere Gefühle haben, werden Sie bessere Gedanken pflegen und damit wieder einen neuen Bereich anstoßen können. Vielleicht sind es die Beziehungen zu Ihren Eltern, die Ihnen zu mehr Kraft verhelfen, was sich wieder aufs Geschäft auswirken kann. Ihre besseren geschäftlichen Ergebnisse ermöglichen Ihnen einen Urlaub, in dem Sie sich endlich erholen und sich mit neuer Ausgeglichenheit wieder mehr um Ihren Körper kümmern können. Sie haben mehr Zeit und kommen auf bessere Gedanken. Mehr Spaß und Freude im Leben könnten Ihnen helfen, liebevoller mit Ihrem Partner umzugehen, was sich prompt auf die Qualität der Beziehung auswirken wird. Wann haben Sie das letzte Mal alles gegeben für Ihre Liebste oder Ihren Liebsten? Wann waren Sie zuletzt so aufmerksam wie zu Beginn Ihrer Liebe?

Seien Sie stets dankbar für das, was Sie haben und nehmen Sie die positiven Dinge niemals für selbstverständlich. Wir kämpfen häufig lange und hart für eine Sache, und wenn wir sie dann endlich erreicht haben, behandeln wir sie nicht mehr mit der gleichen Aufmerksamkeit. Natürlich ändert sich die Situation nach der Eroberung eines geliebten Menschen. Wir müssen uns, wenn wir weiter erfolgreich und glücklich in dieser Beziehung verweilen wollen, darauf einstellen, entsprechend agieren und niemanden für gegeben hinnehmen!

Sich auf neue Gegebenheiten einzustellen, lässt Sie wachsen. Wenn Sie wachsen und sich persönlich weiterentwickeln, gibt Ihnen dies ein Gefühl der Stärke. Sie kommen auf neue Ideen und sind fröhlicher. Denken Sie dabei immer an den Circle of Life! Es wird jeder Bereich den anderen anfeuern. Wenn Sie am Ball bleiben und den Segen der Verantwortung richtig nutzen, können Sie sich wahrhaftig ein traumhaftes Leben gestalten. Sie werden ein Leben nach Ihren Vorstellungen führen, und es werden Dinge möglich, die Sie schon längst vergessen hatten. Erinnern Sie sich ruhig an alles, was Sie jemals vorhatten, denn wenn Sie einmal in den positiven Weg der Spirale eingetreten sind, gibt es kein Halten mehr. Sie werden aus dem Staunen nicht mehr herauskommen und eine völlig neue Lebensqualität entdecken.

Denn Sie werden Stück für Stück in eine neue Welt eintauchen, die Sie mit Glück und Erfolg so überhäuft, dass Sie sich fragen werden, wo sich all das die ganzen Jahre versteckt hat. Sie werden auf neue Menschen treffen, die Ihre Pläne unterstützen und sich wundern, warum Sie bisher so voreingenommen waren und dabei einiges übersehen haben. Selbstverständlich wird es auch weiterhin Herausforderungen und Probleme geben, doch wenn Sie am Ball bleiben, stimmt schon einmal auf jeden Fall die Richtung. Sie werden sich Stufe für Stufe auf eine neue Ebene begeben und erkennen: Glück bringt neues Glück und Erfolg bringt neuen Erfolg. Das ist der Segen der Verantwortung in seiner vollen Ausprägung.

Teil 3 –
Der Segen der Verantwortung

10.
Die Segnungen genießen – freudvoll, verantwortlich und frei

Die Gabe zu genießen wird zu wenig entwickelt.

Johann Wolfart von Brederode (1599–1655),
Armeeoberkommandierender der Republik Niederlande

Wir haben uns nun über die Jahre große Mühe gegeben, ein schönes und erfülltes Leben zu gestalten. Wir haben unsere Verantwortung ernstgenommen und so lange gestrebt, bis wir ihr gerecht wurden. Wir haben Erfolge erzielt und eine gewisse Glückseligkeit erfahren. Nun ist es an der Zeit, zu genießen. Wir können und dürfen diesen Segen, den wir uns so hart erarbeitet haben, jetzt permanent genießen.

Leistungen endlich anerkennen

Und schon stellt sich bei einigen mit Sicherheit die Frage, ob das denn wirklich angebracht sei. Ob sie das denn schon verdient hätten. Und ob es nicht noch ein bisschen früh wäre. Was? Segnungen? Jetzt schon? Spannenderweise gibt es hierzulande selten das Problem, anzuerkennen, dass wir noch etwas tun müssen. Dass es generell noch nicht genug ist, noch nicht gut genug oder noch nicht weit genug ist. Ich aber frage Sie: Ab wann dürfen wir denn genießen? Und vor allem, wer entscheidet das?

In ganz jungen Jahren können wir es jederzeit, dieses Genießen, ohne jeden Einwand. Da genießen wir alles, selbst wenn wir gar nichts dazu beigetragen haben. Doch schon in der Schulzeit ist es damit vorbei. Da beginnen Hinterfragungen diversester Natur. Diese Note, die Zwei, die war gut, doch es hätte ja auch eine Eins sein können. Und wer weiß, ob diese Zwei nicht eine Eintagsfliege war. Warten wir erst einmal ab. Wir wollen den Tag nicht vor dem Abend loben, so hieß es bei uns zu Hause. Wer weiß denn schon, wie die nächste Note ausfallen wird. Oder: In Deutsch ist die Note ja schön und gut, doch Englisch und Mathe könnten noch besser sein. Dann wäre es wirklich brillant. Wirklich? Nur dann? Und so geht es immer weiter. Bis zum Zeugnis, dem nächsten Zeugnis, der Grundschulempfehlung. Dieses Verhalten ist im Grunde hoch aberwitzig. Wir vertagen damit ständig die Anerkennung – und den Genuss sowieso. Es folgt die Oberschule, der Abschluss, die Berufsausbildung oder vielleicht das Studium. Die Würdigung des schon Erreichten bleibt weiter aus, weil wir immer auf den nächsten Schritt warten. Und wenn dieser erfolgreich vollbracht ist, wartet bereits die nächste Aufgabe oder Herausforderung. So wird die Leistung schließlich nie genossen. Nie! Wir erlauben uns daraus resultierend auch im Erwachsenenalter keinen Genuss und keine Freude und wundern uns, warum das so ist. Weil wir systematisch dorthin geführt wurden! Weil uns als Heranwachsende und auch später im Beruf niemals gezeigt wurde, wie sich das anfühlt, sich selbst zu feiern. Sich selbst zu loben. Nicht einmal unsere eigene Leistung durften wir zelebrieren. Megastolz auf sich selbst zu sein, ist sowieso nicht erlaubt, sonst gelten wir nämlich schnell als selbstgerecht und eingebildet. Hochmut kommt vor dem Fall, wurde und wird uns dann eingebläut und warnend der Zeigefinger vor zu viel Selbstherrlichkeit erhoben.

Doch mal ganz ehrlich, wenn Ihre Tochter mit viel Aufwand und Ehrgeiz eine gute Leistung vollbracht hat, dann darf das doch gefeiert werden! Oder wenn Ihr Sohn mit viel Elan und Einsatz tolle Erfolge errungen hat, dann muss das anerkannt werden, nicht wahr? Wie um aller Herrgottswillen sollen wir stark und noch stärker werden, wenn die positive Seite unserer Erfolge und Zielerreichungen so sehr unterdrückt wird? Weil man das nicht so offen aufzeigt? Wir wünschen uns selbstbewusste Kinder, doch erlauben wir ihnen nicht, sich ihrer guten Seiten, Stärken und Leistungen bewusst zu werden? Selbstbewusstsein wird in unserer Gesellschaft oft mit großer Stärke vereinheitlicht. Aber woher soll es kommen, dieses Selbstbewusstsein, wenn es nicht aktiv gefördert wird? Klar, es wächst aus dem Bewusstsein. Aber wie sollen wir Selbstvertrauen entwickeln, wenn unsere positiven Seiten ausgeblendet oder stets weggeschoben werden? Uns selbst zu vertrauen, setzt voraus, dass wir unsere guten Seiten kennen und wertschätzen.

Wir dürfen uns selbst loben!

Das bedeutet, wir müssen lernen, uns und unsere Leistungen zu schätzen. Ich will Sie keineswegs dazu verleiten, zum selbstgerechten Egozentriker zu werden, doch Sie dürfen sich auch loben und Ihre Leistungen und Erfolge würdigen! Sie müssen es sogar. Loben und anerkennen Sie sich mal einen Tag lang für alles, was nicht selbstverständlich ist. Wissen Sie überhaupt, was selbstverständlich ist? Gar nichts ist selbstverständlich! Nicht ein Atemzug ist es. Es geht beim Aufstehen los, Waschen, Zähneputzen, Essen, Bus, Bahn oder Auto fahren, um nur ein paar Dinge zu nennen. Und es geht weiter mit jedem Teil Ihrer Arbeit und womit auch immer Sie Ihren Tag füllen. Bei jeder Gelegenheit, in der Sie daran denken, klopfen Sie sich auf die Schulter und sagen zu sich: »Das habe ich echt gut gemacht!« Was glauben Sie wohl, was passiert? Richtig, es ist zu Beginn total befremdlich, sich selbst ausgiebig zu loben! Aber Sie werden zusehends Freude und Motivation daraus ziehen und feststellen, wie gut Ihnen dieses Selbstlob tut. Und vor allem: Sie entdecken dadurch, was für ein riesiges Pensum Sie im Grunde jeden Tag schaffen.

Es muss nicht immer die erste Million verdient, die Heirat mit dem Traummann oder der Traumfrau besiegelt oder eine bahnbrechende Erfindung gemacht worden sein, um sich zu loben. Es sind tausend Kleinigkeiten – jene, die das Leben ausmachen – die gesehen werden wollen und Ihnen neue Stärke bescheren. Noch einmal zur Erinnerung: Was Sie mit Aufmerksamkeit belegen und beachten, wird mehr – in Ihrem Bewusstsein. Sie ertappen sich so bei vielen guten Leistungen und fokussieren sich folglich noch mehr darauf.

IHRE MISSION VERANTWORTUNG

Schätzen Sie sich selbst ausreichend für das, was Sie tagein, tagaus stemmen in Ihrem Leben? Denken Sie einmal darüber nach. Sie werden verblüfft sein, was Sie regelmäßig an Leistungen vollbringen. So ganz nebenbei, und ohne es explizit zu vermerken. Bisher nicht? Dann wird es höchste Zeit! Wofür haben Sie sich noch nicht geschätzt und gefeiert? Was haben Sie schon alles geleistet? Was machen Sie jeden Tag echt gut?

Wir bestimmen, was Genuss ist

Wenn wir einer übernommenen Verantwortung gerecht wurden, unsere Erfolge erzielt haben und diese nun genießen können, dann sollten wir genau das auch regelmäßig tun. Lassen Sie uns dabei auch jeden Teilerfolg genießen, denn die hundert Prozent werden wir sowieso selten bis nie erreichen. Es gibt kein ausnahmslos liebevolles, reiches, gesundes, glückliches und rundum zufriedenes Leben, ohne jeden Störfaktor. Verzeihen Sie meine Nüchternheit an dieser Stelle, aber es wird immer etwas geben, was wir verbessern möchten. Das ist auch richtig und wichtig so, denn nur dann sind wir am Leben. Es ist auch gar nicht notwendig, dass alles hundertprozentig passt. Wir selbst bestimmen über unsere Gefühle, und wir können es uns jederzeit erlauben, mit dem gerade Erreichten glücklich zu sein. Wir selbst sind verantwortlich dafür, ob wir uns und unsere Leistungen anerkennen oder nicht. Wir bestimmen, was ein Erfolg ist und ob wir ihn genießen dürfen. Wir entscheiden, was liebevoll, reich, gesund und so weiter heißt und bedeutet. Wir selbst sind die Bestimmer über unsere Emotionen und entscheiden damit eben auch, ob wir genießen oder nicht. Also bitte, gönnen Sie sich den Genuss und finden Sie das für Sie passende Ausmaß.

Die Lorbeeren für Ihren Einsatz, für Ihre Entscheidungen und Ihre getragene Verantwortung sind tatsächlich ein glückliches, liebevolles, reiches, gesundes und zufriedenes Leben. Aber: Es gelten Ihre Bedingungen! Wenn Sie zu strenge Maßstäbe setzen, werden Sie die Freude versäumen und sich den Genuss vermiesen, weil Ihre Vorgaben nicht zu erfüllen sind. Seien Sie ruhig anspruchsvoll in dem, was Sie wollen, aber verlangen Sie nicht zu viel und lassen Sie dem Leben auch die Möglichkeit, Ihre Wünsche zu erfüllen. Es gibt keine Liebesbeziehung, in der den Partnern immerfort, von früh bis spät, die Sonne aus dem Hintern scheint. Muss sie auch nicht. Es ist ganz normal, dass es betreffend zweier Menschen unterschiedliche Meinungen und Ansichten gibt. Sie könnten Harmonie ohne das Gegenstück ja gar nicht als wundervolles Gefühl empfinden.

Es gibt auch kein Vermögen, das sich ohne Arbeit und Aufwand, stetig in gleichmäßiger Zuverlässigkeit vermehrt. Wir müssen uns darum kümmern, denn Märkte verändern sich. Selbst wenn Sie einen vertrauensvollen Vermögensverwalter gefunden haben, dürfen Sie die Kontrolle nicht aufgeben. Ich kenne Leute, die mit ihrem Geschäft ein Vermögen verdienten und doch plötzlich in riesigen Schwierigkeiten steckten, weil der Steuerberater massive Fehler gemacht hatte. Sie sind dafür in der Haftung, nicht das Steuerbüro, also dürfen Sie den Überblick niemals verlieren. Auch im höchsten Genuss dürfen wir unsere hohe Verantwortung gegenüber dem, was in unserem Leben passiert, niemals vergessen oder übersehen!

Den Genuss niemals herausfordern

Es gibt kein Haus, das alle Wünsche auf einmal erfüllt. Sie können nicht gleichzeitig direkt am Meer wohnen und in den Bergen. Wenn Sie ein großes Haus haben, dann können Sie nicht den organisatorischen Aufwand einer kleinen Behausung erwarten, und wenn Sie in einem großen Garten liegen wollen, aber weder Gartenarbeit mögen, noch einen Gärtner beschäftigen wollen, dann ist das ein Problem. Das Auto, welches gleichzeitig reinrassiger Sportwagen und Luxuslimousine ist, wird nie erfunden werden können. Es gibt kein Wunschgewicht, welches für immer erreicht bleibt und keine mentale Verfassung, die jeden Tag genau gleich grandios ist. Wofür auch?

Seien Sie also anspruchsvoll, aber gleichzeitig beinhart realistisch. Gehen Sie Ihren Träumen nach, aber blenden Sie das echte Leben niemals aus. Erwarten Sie nicht die berühmte Eier legende Wollmilchsau. Sie wird nicht auftauchen. Dann haben Sie eine reelle Chance, Ihren Erfolg auch langfristig genießen zu können.

Wenn Sie bis hierhin drangeblieben sind, haben Sie mit Sicherheit schon sehr viel getan, um glücklich zu sein. Erlauben Sie sich nun bitte auch dieses Glück. Genießen Sie den Erfolg. Genießen Sie die Freude. Und genießen Sie die neue Freiheit, die aus der gelebten Verantwortung entstanden ist. Die meisten Menschen unterschätzen diese positive Seite der Verantwortung. Nur die wenigsten erleben sie bewusst. Sie haben sicherlich den einen oder anderen Teilbereich in Ihrem Leben schon erfolgreich erarbeitet – und wenn Sie sich diese Seite der Verantwortung vor Augen halten, dann zeigt sie Ihnen an jeder weiteren Stelle neue Möglichkeiten, motiviert Sie und lässt Sie die Dinge freudvoll angehen. Es ist tatsächlich so, Sie können verantwortlich bleiben und gleichzeitig das Ergebnis voller Freude genießen. Verantwortung muss keinen Druck bescheren, sondern schafft auch eine wunderbare Leichtigkeit! Was Sie einmal als für Sie passendes Verantwortungssystem installiert haben und wofür Sie die Strukturen erschaffen haben, lässt sich leicht weiterführen und ausbauen.

Gewohnheiten schaffen Leichtigkeit

Eine gute Freundin von mir hatte beschlossen, ihren körperlichen Zustand endlich zu verbessern. Ruth hatte in den letzten fünfzehn Jahren etwa ein Kilo pro Jahr zugelegt. Nunmehr hatte sie also fünfzehn Kilogramm zugenommen, und diese waren deutlich zu sehen und zu spüren. Das Übergewicht machte ihr sehr zu schaffen, sie fühlte sich nicht mehr wohl. Ruth war früher sehr sportlich, nun war sie kurzatmig und an Tennis und Laufen, was sie früher geliebt hatte, war schon seit längerer Zeit nicht mehr zu denken. Ihre Bewegung war eingeschränkt, und Ruth taten regelrecht die Knochen weh. Aber das kam nicht von sportlichen Aktivitäten, sondern von den einseitigen Belastungen des Alltags und der Bewegungslosigkeit. Ruth aß schon immer gern Süßes. Sie hatte schon öfter versucht, darauf zu verzichten, doch es gelang ihr nicht. Eines Tages passten ihr ihre Kleider nicht mehr, und auch in neuer Kleidung gefiel sie sich nicht mehr. Eines Tages sagte ihr Mann zu ihr, dass sie ganz schön dick geworden sei. Das gab den Ausschlag. Nun war der Leidensdruck für Ruth so groß, dass sie ihren Zustand unbedingt ändern wollte.

Nun wissen wir alle, dass ein in fünfzehn Jahren aufgebautes Verhalten, das wir stets neu trainiert und immer wieder gefestigt haben, nicht so einfach zu ändern ist. Ruth musste also sehr stringent sein und sich außerordentlich stark auf ihren Erfolg fokussieren, wenn dieses Vorhaben gelingen sollte. Ruth bereitete die »Operation Gewichtsverlust« so akribisch wie nur möglich vor. Sie kreierte einen ausgeklügelten Diätplan, der nicht nur ihre Vorlieben berücksichtigte, um bei Laune zu bleiben, sondern auch auf Monate ausgelegt war, um langfristig erfolgreich zu sein. Ruth hatte auch einen anspruchsvollen, doch realistisch umsetzbaren Sportplan entwickelt. Sie hatte sich drei Monate Zeit gegeben. Zugegeben, ein sehr ambitioniertes Vorhaben. Denn nicht nur ihre Gewohnheiten waren zu durchbrechen, auch ihr Stoffwechsel war heute ein anderer als vor fünfzehn Jahren. Sie führte auch ein ganz anderes Leben, hatte zwei Kinder zu versorgen, einen stressigen und streng getakteten Tagesablauf, und auch ihr Ehemann würde auf seine Vorlieben beim Essen nicht verzichten wollen. Umso klarer und konzentrierter musste sie also sein. Diese konsequente Vorgangsweise hat sich bezahlt gemacht. Ruth hat es geschafft! Sie hat es sogar so großartig geschafft, dass auch fünfzehn Monate nach der Diät ihr Wunschgewicht immer noch steht. Sie ist extrem glücklich und genießt ihr neues Lebensgefühl.

Die Anstrengung vor der Segnung und vor dem Genuss

Das liest sich hier sehr einfach. Die Umstellung war für Ruth jedoch anfänglich extrem hart. Sie wurde nicht nur ständig von ihren alten Gewohnheiten eingeholt, sondern hatte sich auch mit den Einflüssen ihres Umfelds auseinanderzusetzen. Ihr Mann, der mit ihr ein Glas Wein trinken wollte, die Schwiegermutter, die zum Geburtstag extra für sie eine Torte gebacken hatte und die Kollegen, die auf der Betriebsfeier nörgelten, sie könne doch zu einem solchen Anlass mal eine Ausnahme machen. Ruth brauchte höchste Disziplin, um allen diesen Versuchungen zu widerstehen. Auch den Sportplan umzusetzen und bei miesem Wetter am Abend nach einem stressigen Tag noch rauszugehen, war alles andere als einfach. Ruth musste sich immer wieder intensiv mit der Thematik auseinandersetzen und sich ihr großes Ziel vor Augen halten. Manchmal war auch Ruths Gemüt so angeschlagen, dass sie grundlos Streit vom Zaun brach; alles in allem kamen andere Bereiche ihres Lebens in dieser Zeit zu kurz und wurden zum Teil stark belastet. Aber sie hatte die Verantwortung übernommen und zwang sich, ihr gerecht zu werden, das war sie sich schuldig.

Nach ein paar Wochen hatte sich Ruth an die Umstellung gewöhnt. Die neuen Verhaltensweisen wurden langsam zur Gewohnheit. Die Anerkennung aus dem nahen und fernen Umfeld, die langsam wieder passende Kleidung, ein zurückgewonnenes Körpergefühl, Stärke, Beweglichkeit und Ausdauer gaben ihr die nötige Motivation, weiterzumachen. Nach drei Monaten schien alles ganz selbstverständlich und wurde immer leichter, weil sie und ihr Umfeld sich an diesen neuen Lifestyle gewöhnt hatten. Ihn aufrechtzuerhalten kostete sie bald keine zusätzliche Energie mehr. Ruth konnte sich auch wieder auf andere Dinge konzentrieren. Ihr Ehemann war froh, dass er seine geliebte gut gelaunte Frau wieder hatte. Er war sogar ziemlich beeindruckt von ihrer Disziplin und natürlich auch begeistert, dass ein Teil seiner frühen Liebe wieder zu sehen war.

Unserer Verantwortung gerecht werden und dann genießen!

Sie werden sich nun vielleicht fragen, was diese Geschichte mit dem Genuss der Segnungen zu tun hat, um die es in diesem Kapitel ja vorrangig gehen soll. Sehr, sehr viel, wie ich finde. Ruths Weg zum Wunschgewicht zeigt erstens genau auf, dass wir IMMER die Verantwortung in voller Härte übernehmen müssen, bevor wir auch nur ansatzweise etwas ernten können. Und Ruths Geschichte demonstriert auch ausgezeichnet, was ich im vorigen Kapitel schon erwähnt habe. Nämlich eine unheimliche Befruchtung der verschiedenen Lebensbereiche, die einsetzt, wenn das Rad der Segnungen erst einmal in Bewegung geraten ist. Seitdem ist Ruth kaum zu bremsen. Sie hat eine völlig neue Ausstrahlung bekommen, die Welt scheint ihr zu Füßen zu liegen. Sie begleitet an der Schule ihrer Kinder ein zusätzliches Projekt, das ihr wiederum viel Anerkennung und Freude bringt. Sie hat die neu erlangte Disziplin auf die Haushaltskasse übertragen und mittlerweile ein hübsches Sümmchen für die langersehnte Weltreise zusammengespart. Sie hat durch die neue Ernährungsweise so viel mehr Energie, dass sie weniger Fernsehen schaut und jene Bücher liest, die sie eigentlich schon immer interessiert haben. Sie hat alte Interessen wiederentdeckt und neue Interessen gewonnen. Sie brennt vor Lebensfreude und Tatendrang. Und all dies macht sie mit einer solchen Leichtigkeit, dass sie sich manchmal ärgert, so lange mit ihrer Veränderung gewartet zu haben.

Ruth hatte die Verantwortung nicht nur übernommen, sondern war ihr auch gerecht geworden. Deswegen kann sie heute ihre Ergebnisse intensiv genießen. Aber sie konnte nicht nur genießen, sondern übertrug die neue Stärke gleich auf andere Bereiche, ohne die Verantwortung loszulassen. Das ist genau jener Segen, der gemeint ist. Die Freuden des Lebens ohne Druck zu genießen und der Verantwortung dabei weiter gerecht zu werden.

Übertragen Sie Ihren Erfolg

Wenn Sie in einem Bereich Ihre gewünschten Ergebnisse erzielt haben oder auf dem Weg dorthin sind, können Sie diese Verantwortung sofort auf einen anderen Bereich ausweiten. Denn das Leben bietet immer eine neue Chance, sich zu beweisen. Wir erreichen stets einen neuen Punkt, an dem wir arbeiten müssen – und im besten Fall auch wollen. Wenn wir den Körper in Topform gebracht haben, läuft vielleicht die Liebesbeziehung nicht mehr gut, der Job macht Sorgen, oder wir verfügen über zu wenig Zeit. Haben wir die Finanzen in den Griff bekommen, müssen wir uns plötzlich mehr um die Kinder kümmern, der Spaß hat gelitten oder uns ist der Sinn für unser Dasein abhandengekommen. Es gibt immer eine oder mehrere neue Herausforderungen. Das Leben ist nicht statisch, nichts bleibt so bestehen, wie es ist. Das Leben besteht aus ständigen Veränderungen und Entwicklungen. Immer und immer wieder. Wir können uns die Wunschvorstellung, dass eines Tages alles, alles gut ist, gleich sparen. Diese ist nur ein Ideal, dem wir hinterherhecheln, das wir aber nie erreichen werden. Das Wissen um diese Tatsache darf uns aber niemals daran hindern, die Segnungen zu genießen, die gerade dran sind!

Wir haben nun nahezu alles besprochen, was nötig ist, um Ihrer Verantwortung in allen Bereichen gerecht zu werden. Wir wissen nun auch, dass Sie mit Pflichten Freude und mit Druck Leichtigkeit schaffen können. Sie können mit Verantwortung eben nicht nur Erfolg, sondern auch Glückseligkeit produzieren. Sie schaffen sich mit Verantwortung echte Freiheit, denn Sie sind nicht länger gefangen in Verhaltensmustern, Gewohnheiten und Zufällen. Sie sind selbstbestimmt, unabhängig und im besten Sinne frei.

Behalten Sie diese Erkenntnisse also stets vor Augen, wenn andere oder die Umstände Ihnen die Übernahme der vollen Verantwortung und deren wunderbare Ergebnisse vermiesen wollen und genießen Sie Ihren Weg.

IHRE MISSION VERANTWORTUNG

Welche Freiheit im Leben haben Sie noch nicht vollständig erlangt? In welcher Hinsicht sind Sie noch in alten Mustern und Handlungen verfangen oder sogar gefangen? Wie wäre es, wenn Sie Ihr Freiwerden jetzt in Angriff nehmen?

Teil 3 –
Der Segen der Verantwortung

11.
Verantwortung halten –
Dankbarkeit und Demut leben

Such nicht immer, was dir fehle,
Demut fülle deine Seele,
Dank erfülle dein Gemüt.
Alle Blumen, alle Blümchen,
und darunter selbst ein Rühmchen,
haben auch für dich geblüht!

Theodor Fontane (1819–1898), Schriftsteller

Es gibt kein Ende. In dem Prozess, der sich Leben nennt, geht es immer und immer weiter. Wenn wir eine Aufgabe bewältigt haben, wartet schon die nächste auf uns. Und so geht es bis zum Ende unseres Aufenthalts auf diesem Planeten. Wenn wir es geschafft und gelernt haben, nicht nur unsere Erfolge, sondern auch den Weg dahin zu genießen, dann haben wir es schon sehr, sehr weit gebracht.

Die Sucht nach mehr und mehr Besitz

Theodor Fontane erinnert uns in dem obigen Gedicht an einige wichtige Aspekte. Wir sollten nicht immer nach Fehlendem suchen, sondern für das Vorhandene demütig und dankbar sein und vor allem die positiven Kleinigkeiten des Lebens beachten. Mit der Verniedlichung unseres Strebens nach Ruhm nimmt er uns auch ein wenig auf die Schippe und fordert uns indirekt auf, uns nicht zu wichtig zunehmen. Damit spricht er mir aus der Seele. Wir Menschen sind so schnell unzufrieden und schauen immer auf das, was wir noch nicht haben, anstatt uns auf das zu konzentrieren, was schon da ist. In unserer Gesellschaft ist die Orientierung auf den Nachbarn stark ausgeprägt. Wenn dieser im neuen Auto vorfährt, wollen wir auch eines haben. Wenn sein Haus im Glanz eines neuen Verputzes strahlt, muss unseres erst recht frisch gestrichen werden. Wir erfinden für diese Wünsche immer auch gleich eine tolle Begründung. Mein Auto ist älter als seins, ich verdiene doch viel mehr Geld, mein Haus soll daneben nicht schäbig wirken, es soll ja alles einheitlich aussehen und so weiter. In Wirklichkeit findet ein ständiges Übertrumpfen statt. Wir wollen besser als der Nachbar sein. »Mein Haus, mein Boot, mein Pferd« war nicht umsonst ein Renner in der Werbung. Hier wurde uns auf humorige Weise aufgezeigt, wie dumm dieses Verhalten ist. Vielleicht wurden wir durch diesen Sarkasmus sogar ein Stück davon befreit. Denn anstatt dieses dämliche »höher, schneller, weiter« Spiel auf die Spitze zu treiben, sollten wir uns vielmehr die Frage stellen, was wir wirklich wollen und brauchen.

Mir persönlich ist es vollkommen schnuppe, welches Auto mein Nachbar fährt. Es ist mir auch egal, wie groß das Haus meines Geschäftspartners ist. Ich gönne tatsächlich nahezu jedem seine Erfüllungen. Das war nicht immer so, aber heute ist das Gott sei Dank der Fall. Es gibt dafür drei Gründe. Erstens habe ich irgendwann verstanden, dass mir mein Neid gar nichts bringt. Er beschert mir eher das Gegenteil meiner Wünsche, weil ich mich ständig auf meinen Mangel konzentriere und dadurch logischerweise noch mehr Mangel entstehen kann. Zweitens wurde mir klar, dass ich wirklich viele meiner Wünsche erfüllt bekomme oder bekommen habe. Ich bin für jedes einzelne Teilchen sehr dankbar, ob materiell oder immateriell, denn ich halte es nicht für selbstverständlich. Natürlich habe ich viel dafür getan, aber das haben andere auch. Der dritte Grund ist sicher der wichtigste. Ich habe mir recht früh im Leben die Frage gestellt, was ich will. Natürlich hat es einige Jahre gedauert, diese Einstellung zu verfeinern und immer wieder anzupassen, aber ich wusste damit recht schnell, was ich nicht brauche und später auch, was ich gar nicht will. Für mich gibt es einen sehr wichtigen Unterschied zwischen brauchen und wollen. Die Dinge, die ich für mich in meiner Einschätzung nicht wirklich brauche, kann ich gerne als Geschenk annehmen, strebe sie aber definitiv nicht selbst an. Doch das, was ich eindeutig nicht will, das will ich nicht einmal geschenkt! Deswegen ist es so wichtig, sich Gedanken darüber zu machen, was wir denn eigentlich wollen.

Klare Vorstellungen machen dankbar

Ich wollte immer in einem Haus wohnen, eine Wohnung kam für mich nicht infrage. Meine Eltern hatten mir bereits vorgemacht, dass man in einem Haus wohnen kann und mit welchen Vorzügen dies verbunden ist. Meine allererste Wohnung einmal ausgenommen, habe ich mir und meiner Familie diesen Wunsch immer erfüllt. Klar, anfangs waren es keine Häuser für uns allein, doch es war immer ein Garten dabei, und so konnten meine und unsere Vorstellungen erfüllt werden. Jedes Haus wurde irgendwie besser, und insgesamt hat es etwa zwölf Jahre lang gedauert, bis wir das Zuhause unserer Vorstellungen bewohnten. Das Haus war genau so, wie wir es wollten. Alles war perfekt. Für uns. Wollte ich dann noch ein größeres Haus, einen größeren Garten, einen noch besseren Standort? Nein, denn wir hatten alles, was wir wichtig und schön fanden. Der Garten hatte die richtige Größe, die Kinder konnten direkt vor der Tür spielen, wir hatten ausreichend Platz, es war alles neu, und der Standard war auch mehr als annehmbar. Es befanden sich weder goldene Wasserhähne noch ein Whirlpool im Haus, doch das haben wir auch nie gewollt. Einzig und allein die von mir gewünschte Garage fehlte, doch zwei Stellplätze waren ein Kompromiss, mit dem ich leben konnte. Und ich muss ja gar nicht jeden Wunsch erfüllt bekommen. Ich war sehr glücklich mit diesem wunderbaren Zuhause, meine Familie und ich fühlten uns pudelwohl. Man hätte mir eine doppelt so große Villa anderswo anbieten können, ich hätte nicht getauscht.

Wir müssen, ja ich meine wirklich müssen, dankbar für die Geschenke des Lebens sein. Es wäre sogar höchst undankbar, die Präsente, die wir erhalten, nicht zu ehren. Meine Erfahrung hat mir gezeigt, dass diese Geschenke sich wieder rasch verabschieden, wenn wir sie nicht zu schätzen wissen. So wie sie gekommen sind, gehen sie einfach wieder.

Wir haben kein Recht auf irgendetwas

Ich frage mich gelegentlich, mit welchem Recht so mancher Zeitgenosse etwas Bestimmtes für sich beansprucht. Ich meine nicht zwingend die Sozialleistungen unseres Landes, wenngleich auch sie ein Loblied wert wären. Ich meine vielmehr diese Anspruchshaltung einiger Menschen, mit der aus ihrer Sicht andere für sie zu sorgen oder etwas zu regeln hätten. Der Staat hat dafür zu sorgen, dass die Straßen immer schön glatt sind, genug Kindergartenplätze vorhanden sind, nicht zu viele Ausländer ins Land kommen und Behandlungen beim Arzt und im Krankenhaus auf höchstem Niveau kostenfrei durchgeführt werden. Abgesehen davon, dass der Staat wir alle sind und die Dinge damit auch in unserer Verantwortung liegen, stünde uns ein wenig mehr Demut gut zu Gesicht.

Ich halte die Zustände in unserem Land und in Europa für nicht selbstverständlich. Sicherheit und Freiheit sind keineswegs garantiert in diesem Leben, auch heute noch nicht, wie wir in vielen anderen Ländern täglich zu sehen bekommen. Es ist nicht selbstverständlich, dass Sie Ihre Meinung frei äußern können, ohne dafür mit Konsequenzen rechnen zu müssen. Es ist noch gar nicht lange her, da durfte man dies in einem Teil Deutschlands auch nicht. Erinnern Sie sich? Viele scheinen das verdrängt zu haben. Wir haben gar kein Recht, bestimmte Verdienste für uns in Anspruch zu nehmen und sollten sie mit hoher Dankbarkeit betrachten.

Ich für meinen Teil bin sehr dankbar, in ein Stück heiler Welt geboren worden zu sein. Ich wuchs geborgen in gesicherten Verhältnissen auf und kam in den Genuss der Liebe einer Familie. Ich hatte sowohl Mutter als auch Vater, die mich beide nicht nur auf ihre Weise sehr liebten, sondern auch nach besten Kräften aufzogen, erzogen und auf das Leben vorbereiteten. Wir mussten nie Hunger und Krankheit oder Armut leiden. In unserem Hause herrschte ein sonniges Gemüt vor, wir haben geredet, gespielt und gelacht. Ich kann voller Überzeugung sagen, dass ich eine sehr glückliche Kindheit hatte. Dafür bin ich zutiefst dankbar. Es ist nicht selbstverständlich. War es damals nicht, ist es heute nicht und wird es auch nie sein.

Nichts ist selbstverständlich

Ebenso bin ich dankbar, eine Schule besucht zu haben, lesen, schreiben, rechnen und noch vieles mehr gelernt zu haben und Ihnen heute meine Gedanken aufschreiben zu können. Ich durfte Musikinstrumente erlernen, Fußball spielen und hatte Freunde. Ich bin froh, eine gute Ausbildung genossen und eine Arbeit erlernt zu haben, die mir Spaß machte und ein sicheres Einkommen bescherte. Nie musste ich mir Gedanken machen, ob mein Lohn pünktlich oder überhaupt kommt. Ich konnte mich weiterentwickeln und meiner Strebsamkeit nachkommen und mir nach und nach ein Leben nach meinen eigenen Vorstellungen basteln. Auch dafür bin ich demütig und dankbar. Es ist nicht selbstverständlich. War es damals nicht, ist es heute nicht und wird es auch nie sein.

Ich bin immer noch tief bewegt, wenn ich an meinen Unfall auf der Wakeboardbahn denke. In diesem schockierend schmerzlichen Moment hatte ich große Angst, es nicht zu schaffen, weil es zu lange dauern könnte, bis der Krankenwagen dort draußen ankommen würde. Dann erinnerte ich mich an meinen Vater und seine Kameraden, die in Schützengräben vergeblich auf einen Sanitäter warteten – und mein Selbstmitleid verschwand sofort. Ein halbes Dutzend fremder Menschen half mir noch vor Ort, in ihrer Freizeit, sie blieben bei mir, bis Hilfe eintraf. Sanitäter, Fahrer, Krankenschwestern und Ärzte standen mir an einem Sonntag zur Verfügung, um mich zu versorgen und mir zu helfen, obwohl ich mich freiwillig einem Risiko ausgesetzt hatte. Da waren Menschen, die hatten jahrelang einen Beruf erlernt, um mir ihre Hilfe zukommen zu lassen und mich schlussendlich wieder auf die Beine zu bekommen. Und ich für meinen Teil bin, wenn ich an sie denke, tief erfüllt von Dankbarkeit. Wissen Sie, wie viele Seelen daran beteiligt gewesen sind, dass ich heute wieder laufen kann? Und das alles für ein Stückchen Plastikkarte. Ist das selbstverständlich? Ich finde nicht. Es ist nicht selbstverständlich. War es damals nicht, ist es heute nicht und wird es auch nie sein.

IHRE MISSION VERANTWORTUNG

Wofür können Sie so richtig von Herzen Dankbarkeit empfinden? Überlegen Sie doch einmal, wann und wo Ihnen das Leben Geschenke bereitet? Sie werden vermutlich überrascht sein, wie viele Geschenke sich bei gründlicher Reflexion zeigen ...

Fokus auf Dankbarkeit erzeugt Fülle

Ich finde, wir haben kein Recht, immer unzufrieden zu sein und uns bloß auf das zu konzentrieren, was wir noch nicht besitzen oder noch nicht erreicht haben. Wir dürfen auch nicht ständig motzen und meckern über das, was nicht funktioniert. Wir sollten die Dinge, die uns widerfahren, erkennen, anerkennen und wertschätzen. Diese Art von Dank prägt Ihre Emotionen und verschafft Ihnen Ihr Glück. Es geht wie immer um Ihre Gefühle, die im Undank natürlich andere sind als in Dankbarkeit. Auch hier wird wieder sehr deutlich, dass Sie die Verantwortung für absolut alles in Ihrem Leben tragen. Sie bekommen vom Leben auch immer die passende Antwort entsprechend Ihres Verhaltens. Sie entscheiden mit Ihrer Haltung nicht nur über Ihr Glücksempfinden, sondern tatsächlich auch über Ihr veritables Glück. Denn das Leben scheint punktgenau zu bemerken und zu belohnen, wo Wertschätzung und Dankbarkeit gelebt werden. Vermutlich ist es mit unseren Gedanken erklärbar – Fokus entscheidet! Wir fokussieren uns in Dankbarkeit nicht auf den Mangel, sondern auf das, was schon da ist, die Fülle. Und was man beachtet, vermehrt sich. In Zeiten der gefühlten Dankbarkeit beachten wir die Fülle. Und die Fülle wird mehr.

Neuerdings ist ein Trend zu beobachten, der fast schon lächerlich anmutet. Immer mehr Menschen haben davon gehört, dass sie durch Dankbarkeit mehr Dinge erreichen können und meinen nun, sie könnten die Dankbarkeit benutzen, um Ihre Ziele zu erreichen. Wenn wir etwas wollen, das wir noch nicht haben, dann fühlen wir meist keine echte Dankbarkeit. Es macht einen wichtigen Unterscheid, ob Sie etwas tatsächlich empfinden oder dies nur vorgeben. Man sagt, man könne echt lächeln, wenn man nur lange genug ein zu Beginn noch künstliches Lächeln aufsetzen würde. Ich glaube, dies gilt nicht für die Emotion der Dankbarkeit. Ich bin fest davon überzeugt, wenn Sie nur so tun und nicht wirklich erfüllt von etwas sind, dann bleiben die Segnungen aus. Wir können das Leben nicht hinters Licht führen!

Vielleicht haben Sie ja Lust, sich näher anzusehen, was Ihnen bisher an Positivem widerfahren ist und diesen Dingen die ihnen zustehende Aufmerksamkeit zukommen zu lassen. Sie haben bereits für vieles die Verantwortung übernommen und damit ausgezeichnete Ergebnisse erzielt. Aber Sie haben mit Sicherheit auch große Geschenke erhalten, für die Sie wenig oder nichts geleistet haben. Egal, ob Sie mit dem Erreichten direkt etwas zu tun haben oder nicht, praktizieren Sie immer die den Geschenken zukommende Wertschätzung.

Dankbarkeit wird nicht zu Unrecht auch als der Magnet für Glück und Erfolg bezeichnet. Behalten Sie Ihre Verantwortung fest im Blick und werden Sie ihr weiter gerecht, doch vergessen Sie nie, für Ihre Erfolge die nötige Dankbarkeit und sogar etwas Demut zu empfinden.

Demut ist nichts für Schwächlinge

Mit dem Begriff Demut wird oft eine gebückte, oft auch rein religiöse Haltung assoziiert, was leider an der Sache völlig vorbeigeht. Demut bedeutet für mich nicht, sich selbst klein zu machen und still und leise zu sein, sondern einfach zu akzeptieren, dass es etwas Unerreichbares, etwas Größeres gibt. Demut sehe ich auch als die Bereitschaft, etwas als Gegebenheit hinzunehmen, nicht darüber zu klagen und sich selbst als eher unwichtig zu betrachten. Der Schein hat dabei mit dem Sein nichts zu tun. So kann ein scheinbarer Leisetreter keine Züge der Demut in sich tragen, anders herum kann ein lauter und stolzer Mensch sehr wohl demütig sein.

Ich vergleiche Demut gerne mit Wasser. Wasser beharrt nicht auf einer bestimmten Form, sondern fließt in jener Ausprägung, die seinem Dasein jeweils zukommt. Wasser gibt sich der jeweiligen Gegenwart hin, in der sich alle momentanen Gegebenheiten der Wirklichkeit zu einem umfassenden Prozess vereinen, und es erfüllt die Rolle, die es genau jetzt darin hat. Demut heißt also auch, den Platz einzunehmen, der uns zukommt.

Demut hat meines Erachtens auch mit Mut zu tun. Wie der Mutige, so trachtet auch der Demütige nach etwas. Der Demütige jedoch nicht danach, entgegen dem Lauf der Dinge einen persönlichen Vorteil zu erreichen, sondern sich der jeweiligen Gegenwart so hinzugeben, dass er ihr ohne Widerstand dient und ohne vor ihren Härten zurückzuschrecken. Demut ist also nichts für Schwächlinge und alles andere als eine gebeugte und untertänige Haltung. Sie ist vielmehr als eine große Stärke wirklich kraftvoller und bewusster Menschen zu sehen, die mit ihr zugleich die Achtsamkeit für ihr eigenes Sein behalten und dem Größenwahn vorbeugen können.

Ich wünsche Ihnen und mir also nicht nur Stärke in all unserer Verantwortlichkeit, sondern auch ausreichend Dankbarkeit und Demut, um diese Stärke in vollem Umfang genießen zu können. Dankbarkeit und Demut zu leben ist ein Prozess. Wir können im Prinzip nie damit aufhören, diesen Prozess zu leben. Und ja, es wird auf diesem Weg auch immer wieder Herausforderungen geben, die unsere dankbare Demutshaltung machtvoll auf die Probe stellen. Es geht dabei um einen bewussten und achtsamen Beitrag, den wir immer wieder neu zu leisten haben, denn auch dahinter steckt die Haltung der Verantwortung, zu der wir uns verpflichtet haben.

Wenn wir nicht nur nach unserem eigenen Ruhm streben, sondern mit ein wenig dankbarer Achtsamkeit durch die Welt gehen, werden wir Fontanes Blümchen und Blumen nicht nur wahrnehmen, sondern trotz aller Demut wissen: Sie haben auch für uns geblüht!

IHRE MISSION VERANTWORTUNG

Wie haben Sie bisher über Demut gedacht? Haben Sie sich mit diesem Begriff schon einmal näher beschäftigt? Können Sie etwas damit anfangen für Ihr Leben? Ist es eventuell an der Zeit für ein wenig praktizierte Demut, um weitere Segnungen zuzulassen?

Teil 3 –
Der Segen der Verantwortung

12.
Die Kraft der planetarischen Gemeinschaft – zusammen verantwortlich

Alleine sind wir nichts. Aber wir sind nicht allein.

Wir haben uns der Verantwortung in allen erdenklichen Bereichen zugewandt, doch eigentlich kreisten wir dabei nur um uns selbst. Jetzt geht es zum Abschluss um das Ende des kleingeistigen, ich-bezogenen Denkens und um die Hinwendung zu etwas Größerem. Den Auftakt eines gemeinsamen Strebens, einer neuen Philosophie des Wir-Denkens. Es ist an der Zeit, endlich nicht nur zu begreifen, dass wir erstens alleine nichts sind und zweitens nicht alleine sind, sondern diese Erkenntnisse auch zu leben. Wir brauchen mehr als nur Geld, Zeit und Gesundheit für uns selbst, und es geht um weit mehr als nur um persönlichen Erfolg, Partnerschaften und Spaß. Wir dürfen uns jetzt von dieser ewigen Egonummer verabschieden, in der bloß unsere Begrenztheit deutlich wird und sollten uns endlich der Verantwortung für unsere planetarische Gemeinschaft stellen.

Wir können nicht weiter nur für uns selbst agieren und meinen, die Gemeinschaft gehe uns nichts an. Wir leben alle gemeinsam, in dem gleichen Land, auf dem gleichen Kontinent und auf dem gleichen Planeten. Dem Planeten Erde ist es völlig egal, wer und was Sie sind und woher Sie kommen. Hier lebt der Bettler genauso wie der Milliardär, und beide haben die ungefähr gleiche Verweildauer auf der Erde. Dies gilt für Schwarze und Weiße, für Amerikaner und Asiaten, für Europäer ebenso wie für Inder und Afrikaner. Das Universum macht keine Unterschiede. Es ist neutral, sodass ich mir die Frage stelle, mit welchem Recht manche Menschen meinen, besser zu sein als ihr Umfeld. Wir müssen endlich aufhören, gegeneinander zu arbeiten, uns abzugrenzen und dürfen lernen, was es wirklich bedeutet, miteinander zu leben. Das heißt auch, unsere eigenen Interessen hinter dem Gemeinwohl anzustellen. Wir müssen uns gegenseitig stärken und füreinander da sein!

Es ist unendlich viel zu tun

Es gibt sehr viel zu tun für uns als Bewohner des blauen Planeten, wenn wir weiter hier verweilen wollen. Egal, wann wir hier wie leben werden und egal, welcher Kultur oder Glaubensrichtung wir angehören, wir werden immer Luft, Wasser und Nahrung benötigen, und wir werden bereits heute einige Dinge unternehmen müssen, um den künftigen Generationen diese drei Grundvoraussetzungen noch problemlos zur Verfügung stellen zu können.

Es wird uns nichts nützen, im Geld zu baden und keine Luft mehr zu bekommen; unsere Technologie wird wertlos sein, wenn wir kein Wasser mehr haben.

Es ist jetzt Zeit zum Handeln! Wir verpesten die Luft und wollen uns mit Abgasplaketten beruhigen. Wir gehen so extrem dumm mit unseren wichtigsten Ressourcen um, dass wir uns gar nicht vorstellen können, wirklich so unfassbar dumm zu sein. Da es doch viel klügere Köpfe als uns selbst gibt, hätten die ja wohl schon etwas unternommen, so denken wir. Also kann es ja gar nicht so aussichtslos sein. So beruhigen wir uns. Wir wollen lieber einfach nicht darüber nachdenken und trösten uns damit, dass es ja sicher noch Schlimmeres, Verwüstlicheres gibt.

Ich selbst ertappte mich schon dabei, dass ich meinen Diesel beschönigte, weil die großen Luftverschmutzer ganz andere sind. Ja natürlich, Schiffe und Flugzeuge sind desaströser: Die fünfzehn größten Seeschiffe der Welt stoßen jährlich mehr schädliche Schwefeloxide aus, als alle siebenhundertsechzig Millionen Autos weltweit zusammen. Kein einziges der luxuriösen Kreuzfahrtschiffe würde jene Abgasnormen schaffen, die für Autos oder Lastwagen schon lange gelten. Bei Flugzeugen haben sich die Ausstöße heute schon etwas verbessert, doch wenn die Maschinen im sogenannten Taxischub nur zur Startbahn rollen, entspricht eine Sekunde Laufzeit etwa sechzig Kilometern Autofahrt! Der Ausstoß von klimaschädlichem CO_2 hat im Jahr 2000 mit rund achthundert Millionen Tonnen in der Luftfahrt etwa gleich hoch gelegen wie in der Schifffahrt. Mit mehr als zwanzig Millionen Tonnen Stickoxid übertrifft die Schifffahrt aber den Luftverkehr noch um das Zehnfache – und mit rund zwölf Millionen Tonnen Schwefeldioxid sogar um das Hundertfache. Das sind erschreckende Zahlen!

Es geht uns alle an

Doch darf dieses Wissen wirklich Ausrede für uns sein, weiterhin unsere Abgase gedankenlos in die Luft zu schleudern? Ich denke nicht. Wir müssen an allen Ebenen ansetzen und für radikale Verbesserungen sorgen. Wir können nicht mit dem Finger auf noch schlechtere Dinge zeigen, um uns zu beruhigen, denn es gibt keinen Grund, sich zu beruhigen. Wir verpesten unsere Luft in den letzten hundert Jahren in einem Maße durch Haushalt, Verkehr, Industrie und die Landwirtschaft, wie es der Mensch, die Natur, und die gesamte Welt bald nicht mehr verkraften kann. Und da sollte niemand wegschauen!

Erste Maßnahmen zur Luftreinigung auf globaler Ebene erfolgten erst zu Beginn der 1990er-Jahre. Jetzt stehen wir vor der wohl größten industriellen Herausforderung in der Luftreinhaltung, der Eindämmung der Emission treibhauswirksamer Gase. Eine Aufgabe, die in den nächsten zwanzig bis dreißig Jahren dringlichst gelöst werden muss! In der heutigen Zeit gibt es nirgends auf der Erde mehr natürliche Luft. Wir Menschen werden mit unseren Aktivitäten immer die Luft belasten, daran führt kein Weg mehr vorbei. Die eigentliche Frage lautet nur noch, welche Luftzusammensetzung können wir akzeptieren, ohne mit nachhaltigen negativen Konsequenzen für die menschliche Existenz rechnen zu müssen?

Dazu ist es erforderlich, an allen Ecken anzusetzen und vor allem unser eigenes Verhalten zu überdenken. Denn es ist der treibende Kern der Verschmutzung. Die heutige Landwirtschaft zum Beispiel trägt durch die Düngung erheblich zur Luftverschmutzung bei und die Tierhaltung insgesamt zu rund neunzig Prozent der landwirtschaftlichen Emission bei. Wenn also die Landwirtschaft der größte Luftverschmutzer ist und die Tierhaltung daran den größten Anteil hat, sollten wir über Sinn und Unsinn der Tierhaltung tiefer nachdenken und Alternativen in Betracht ziehen. Insofern sind im Sinne einer planetarischen Gesamtverantwortung nicht nur unsere Reisegewohnheiten überdenkenswert, sondern unsere gesamten Lebens- und Ernährungsweisen. Zumindest, dann, wenn wir hier weiterleben wollen, wovon ich grundsätzlich ausgehe.

Doch es gibt auch positive Ansätze. Die Emissionen in der Bundesrepublik haben sich von 1990 bis 2005 deutlich verbessert. Diese guten Lösungen könnten wir nun unseren Nachbarn zur Verfügung stellen und uns um weitere Verbesserungen kümmern, denn durch die bisher eingesetzte herkömmliche Technik ist nicht zu erwarten, dass die Emissionen weiter verringert werden können. Wir müssen also aus den bisherigen Verbesserungen lernen und neue Lösungen herbeiführen.

Die große Herausforderung des 21. Jahrhunderts wird es meiner Ansicht nach sein, dieses gigantische gegenwärtige Umweltproblem anzugehen. Sie müssen nicht einmal daran glauben, dass der Klimawandel durch uns selbst als Menschheit verantwortet ist, um zu begreifen, dass saubere Luft auch weiterhin lebensnotwendig ist. Wir müssen uns wohl damit abfinden, dass wir im Vergleich zur vorindustriellen Zeit langfristig eine veränderte chemische Zusammensetzung der Atmosphäre haben. Darum ist es dringend erforderlich, dass Weltbevölkerung, Ressourcenverbrauch und Verschmutzung in ein Gleichgewicht gelangen. Darin besteht in Zukunft die Aufgabe der Politik, auf Grundlage wissenschaftlicher Erkenntnisse eine menschliche Entwicklung zu garantieren. Die Erdsystemanalyse hat gezeigt, dass das nur global erfolgen kann. Das funktioniert nicht im Alleingang, sondern nur in der Gemeinschaft. Und genau das kann einer der wichtigsten positiven Aspekte der Globalisierung werden.

Herausforderung Gemeinschaft

Wenn wir von Gemeinschaften sprechen, sehen wir uns bereits unserer nächsten Herausforderung gegenüber. Wir Menschen haben offenbar nicht begriffen, dass wir nur im Fall gemeinsamer Bestrebungen eine Überlebenschance haben. Manche sehen diese Probleme noch gar nicht und sind zu sehr mit ihren eigenen Befindlichkeiten beschäftigt. Dies ist beim Einzelnen schon schwierig genug, stellt innerhalb der Staatengemeinschaften mit ihren teils sehr speziellen Führungskräften allerdings ein riesiges Problem dar. Vielleicht bräuchten wir in der Weltgemeinschaft eine Art oberste Instanz, die allen Staaten voransteht und diese lenkt, doch in der Praxis spricht einiges gegen die Umsetzbarkeit dieser Idee. Es gibt so viele unterschiedliche Lebensweisen, Kulturen, Ideologien und Religionen – und wir konzentrieren uns leider immer noch auf die Unterschiede und nicht auf die ebenfalls vorhandenen Gemeinsamkeiten. Natürlich sind auch Abgrenzungen wichtige Bestandteile unseres Lebens, doch wir sollten begreifen, dass wir uns zum Überleben auf das stützen könnten, was uns verbindet und nicht auf das, was uns trennt. Das ist definitiv eine schwierige Aufgabe, gerade im Hinblick auf bestehende Ungerechtigkeiten und die daraus entstehenden Faktoren wie Angst und Neid.

Wir leben in einer Zeit des radikalen Umbruchs, denn das Internet hat bereits alles verändert und wird dies unaufhaltsam weiter tun. In einem Ausmaß, das wir uns heute noch gar nicht vorstellen können. Es ist heute auch kaum mehr möglich, Menschen für dumm zu verkaufen. Einwohner der entlegensten Ecken dieser Welt erhalten durch die heutige Technik Informationen in Sekundenschnelle, und glücklicherweise kommt durch die aktuelle Informationstransparenz früher oder später alles an den Tag beziehungsweise auf den Bildschirm.

Es ist an der Zeit – Gerechtigkeit wird unverzichtbar.

Die Herausforderung einer gemeinsamen Ausrichtung der Menschheit wird deswegen umso schwieriger, da immer noch völlig unterschiedliche Entwicklungs- und Erfahrungsstadien vorherrschen. Während der eine bereits erkannt zu haben scheint, dass die Industrialisierung auch Nachteile mit sich bringt und Fortschritt nicht immer wirklich Fortschritt bedeutet, strebt ein anderer wie verrückt nach den ersten Früchten dieser Erfahrungen und ist, aus seiner Sicht sicher verständlich, kaum zu bremsen. So einen Menschen zu bewegen, die späteren möglichen negativen Folgen zu bedenken, setzt eine gewisse Offenheit voraus. Diese wiederum bedingt, dass es demjenigen, der nach diesen Erfahrungen strebt, in seinem Leben zumindest so gut geht, dass er die Bereitschaft hat, dem anderen zuzuhören und sich eventuell dessen Standpunkt anzueignen. Der Aufstrebende will schließlich sein Leben verbessern und seine Lebensqualität erhöhen. Es läuft im Grunde nicht anders ab als im kleineren Rahmen, der Familie oder dem Freundeskreis, und wir werden in der Weltgemeinschaft die gleichen Spielregeln beachten müssen. Ein geordnetes Miteinander bedingt Spielregeln, aber vor allem Gemeinsamkeiten und regelmäßige Kommunikation. Wir müssen also auch auf dieser Ebene aufeinander zugehen und uns für die Positionen der anderen interessieren, wenn wir gemeinsam etwas Positives bewirken wollen.

Das Miteinander zählt

Das Miteinander in unserer Gesellschaft, unserer Familie und unseren Freundeskreisen bestimmt unsere Lebensumstände. Die Qualität unseres Lebens ist also stark abhängig von Gegebenheiten, Situationen, Geschehnissen, anderen Menschen und deren Verhalten. Aber auch von unserem eigenen Betragen. Mit unserem Verhalten bestimmen wir im Umkehrschluss auch das Miteinander und damit das Leben jedes einzelnen Menschen aus dem jeweiligen Feld Familie, Freunde und Gesellschaft. Je größer unser Einfluss ist, desto mehr beeinflussen wir – und wir sind uns häufig gar nicht bewusst, wie sehr wir auf unser Umfeld einwirken. Dies positiv zu nutzen, ist unumgänglich und bedeutet Glück. Wenn wir wirklich glücklich sein wollen, und das gilt ja grundsätzlich für jeden Menschen dieser Erde, sollten wir nicht nur für uns selbst Erfolge erzielen, sondern andere Menschen dabei unterstützen, ebenfalls erfolgreich zu werden. Dabei geht es in letzter Konsequenz nicht darum, ihnen direkt zu helfen, sondern sie Dinge zu lehren und ihre Erfolge selbst erzielen zu lassen. Wenn wir andere erfolgreich machen und sie auf ihrem Weg begleiten, sind beide Parteien glücklich. Die Person, die wir unterstützen konnten, ist froh, weil sie einen Erfolg erzielt hat, und wir sind hoch erfreut, unseren Teil beigetragen zu haben. Mich beglückt es noch mehr, wenn ich eine weitere Steigerung erreichen kann. Wenn ich nämlich einen Menschen so lange weiter coachen darf, bis danach er der Lehrer ist, der den Nächsten glänzen lassen kann. Stellen Sie sich einmal vor, wie die Welt aussehen könnte, würden wir alle diese Einstellung leben!

Nun könnten Sie einwenden, dass schließlich nicht jeder Mensch einen so großen Einflussbereich hat und auch nicht jeder anderen etwas beibringen kann. Ich bin jedoch der festen Überzeugung, dass dies absolut jedem möglich ist! Innerhalb der Familie ist der persönliche Einfluss schließlich immer gegeben. Dasselbe gilt im Freundeskreis, und der Bekanntenkreis und die näheren Kollegen sind definitiv auch noch erreichbar. Erst darüber hinaus wird es etwas schwieriger. In Ihrem gesamten Heimatland müssten Sie sich schon ganz schön ins Zeug legen, um etwas zu bewirken, und in der Weltpolitik erst recht, wenn Sie nicht mit einem geringfügigen Wirkungsgrad untergehen wollen. Doch ich denke, wir sind uns einig, dass jeder Mensch einen spezifischen engen Kreis hat, in dem seine Ideen und Anregungen als sehr wertvoll angenommen werden. Wir sind heute endlich so weit, zu erkennen, dass wirklich jeder Mensch über Talente und Fähigkeiten verfügt, die ihn auszeichnen. Damit ist auch jeder in der Lage, anderen etwas beizubringen, und genau diese Fähigkeiten sollten wir nutzen. Interessanterweise lernen Menschen am besten, wenn sie unterrichten oder instruieren! Sie entwickeln aus der Position des Lehrenden heraus sehr viel mehr Engagement und wachsen so über sich hinaus, vermutlich auch, weil sie nun die Verantwortung haben. Derjenige, der die Lehrerposition innehat, wird meist automatisch auch noch einmal besser auf seinem Gebiet. Wenn nun also jeder Mensch einem Mitmenschen in seinen eigenen starken Bereichen Unterstützung bietet, haben beide einen großartigen Erfolgsprozess und eine weitere Verbesserung zu verantworten. Die Kreise des Lernens und Vorankommens werden sich automatisch ausweiten und verbreitern und jeder Mensch trägt damit zu einer positiveren Entwicklung unserer Gesellschaft bei. Einen besseren Weg, sich der gesamtplanetarischen Verantwortung zu stellen, kann ich mir nicht vorstellen!

Wer oder was bestimmt eigentlich wen oder was?

Nun gehen wir die ganze Zeit davon aus, dass unser Zustand, die geistige, körperliche und emotionale Stärke, den Ausschlag für unser Leben gibt und wir damit in der Folge auch das Leben anderer bereichern können. Doch entspricht das wirklich den Tatsachen? Vielleicht ist es ja auch genau andersherum und diese drei Eigenschaften sind die Ergebnisse eines Einflusses, der von außen kommt. Was, wenn das Äußere unser Inneres prägt? Was, wenn die Qualität unseres Miteinanders die Qualität unseres eigenen Lebens bestimmt?! Lassen Sie uns diesen Ansatz etwas genauer betrachten. Auf unserem Lebensweg sind wir zahlreichen prägenden Einflüssen ausgesetzt. Bereits unsere nähere Umgebung und Erziehung liefern uns völlig unbewusst strikte Regeln, die wir meist nie wieder überdenken.

Diese Einflüsse werden nicht kleiner, wenn wir erwachsener werden, nur sind deren Strukturen dann klarer. Jede Begebenheit wirkt sich auf uns aus, jedes Gespräch, das wir führen und jede zu uns gelangte Information hat eine Wirkung. Das Außen bestimmt unser Leben, wenngleich es nicht immer so deutlich sichtbar ist wie in den obigen Fällen. So werden wir geformt, Tag für Tag. Unser Leben ist sehr wohl abhängig vom Außen, wir werden in hohem Maße durch unsere Umgebung und unser Umfeld geprägt, ob wir wollen oder nicht. Unsere Gedanken, Gefühle und unser

Körper werden nicht nur von uns selbst gesteuert, sondern auch zu einem großen Teil von außen geprägt und entziehen sich unserer vollkommenen Kontrolle. Natürlich hebt dies unsere grundsätzliche Verantwortlichkeit in keinster Weise auf, wir müssen unserer Verantwortung für unseren Zustand trotzdem und ständig in höchstem Maße gerecht werden.

Wir dürfen uns also darüber im Klaren sein, dass wir durch unsere jeweiligen Umstände gesteuert sind. Es ist unsere Aufgabe und persönliche Verantwortung, dafür Achtsamkeit zu entwickeln. Das bedeutet, dass wir deutlich mehr überprüfen und infrage stellen sollten. Besonders dann, wenn wir unseren Einfluss auf unser eigenes Leben groß und mächtig halten wollen. Trotzdem wird es ein Kreislauf des Gebens und Nehmens bleiben; mal beeinflusst unser Zustand unser Leben, und dann wieder beeinflusst das Leben unseren Zustand. Im Idealfall können wir selbst dafür sorgen, dass das Außen uns ausschließlich positiv beeinflusst und uns in unseren wertvollen Zielen eines glücklichen Lebens unterstützt.

Unsere wahre Verantwortung

Wir Menschen sind keine Einzelgänger. Schon deshalb müssen wir uns in die Gemeinschaft und in die Gesellschaft einbringen. Wir genießen die Zugehörigkeit und das Miteinander und würden ohne den Kontakt zu anderen Menschen eingehen wie eine Primel ohne Licht und Wasser. Wir brauchen die Anerkennung und hätten keinen Lebenssinn, ohne für andere etwas zu leisten. Mit anderen haben wir Spaß und Freude. Wir brauchen es, geliebt zu werden und lieben es, gebraucht zu werden.

Doch wenn dem so ist, und wir das seit Jahrhunderten zu wissen scheinen, dann könnten wir dieses Wissen auch endlich zu unserem eigenen und dem Nutzen anderer einsetzen. Wie wäre es, in diesem Sinne von jetzt an miteinander zu leben und nicht gegeneinander?

Wir sollten begreifen, dass wir nicht nur die Verantwortung für uns und unsere Liebsten haben, sondern auch weit darüber hinaus verantwortlich sind. Wir sind mit unserem Verhalten verantwortlich für die Entwicklung der Menschheit, denn ich glaube, unser hübscher blauer Planet wird uns in jedem Falle bei weitem überleben. Wir Menschen sind erst seit zwei Millionen Jahren präsent, und da die Erde bereits 4,6 Milliarden Jahre auf dem Buckel haben soll, wäre dies eine Veränderung der dritten Stelle hinter dem Komma. Natürlich können wir es schaffen, den Planeten kaputt zu machen oder zumindest für uns unbewohnbar. Doch er wird sich wohl zu wehren wissen und hätte in den nächsten Jahrtausenden sicherlich auch die nötige Geduld, ohne uns weiterzumachen. Wir müssen aufhören, uns so unbedacht zu nehmen, was wir wollen und diesen Planeten rücksichtslos auszubeuten und auszurauben. Wir müssen aufhören, uns zu bekriegen, weil wir im Recht sein wollen. Wir brauchen uns auch nicht für unsere Glaubensrichtungen zu bekämpfen.

Die eigentliche Schwierigkeit wird darin liegen, in der Menschheit Einigkeit zu erzielen. Aber wie schwer es auch sein mag, wir sollten uns auf unsere gemeinsame Aufgabe konzentrieren. Wir müssen nicht nur unserer Verantwortung gegenüber der Natur gerecht werden, sondern auch unseren Mitmenschen gegenüber. Solange die Ungerechtigkeiten auf diesem Planeten so gestaltet sind, dass die einen nichts zum Essen haben und andere ihren Überfluss nicht zu teilen bereit sind, wird sich nichts ändern. Der Ansatz muss auch hier wieder das gemeinsame Denken und Streben sein. Wir, die wir in unserem Überfluss keine wirkliche Not auszustehen haben, müssen begreifen, dass eine Verbesserung unseres eigenen Lebens mit der Freude der anderen einhergeht.

Die Glückseligkeit der Gemeinschaft bestimmt das Wohlbefinden des Einzelnen. Ihr Leben ist – als Individuum betrachtet – äußerst wertvoll und doch ist es »nur« ein Leben. Nicht einmal ein Wimpernschlag im Universum. Aber, wenn Sie das wollen, dann dürfen Sie so viel mehr sein, als nur ein einzelnes Sandkorn an einem kilometerlangen Strand. Sie haben jederzeit die Möglichkeit, einen Beitrag zu leisten und für eine bessere Welt Verantwortung zu übernehmen. Sie können auch dafür sorgen, dass wir alle moralisch und emotional zusammenrücken. Sie können sich jederzeit für eine ehrliche Welt engagieren. Sie können für den Frieden auf dieser Welt einstehen oder Spenden leisten, damit weniger Menschen hungern müssen. Sie können sich überall dort engagieren, wo Sie nur wollen und Gutes tun. Ihre Aktionen werden immer dazu beitragen, dass Sie selbst ein schöneres und glücklicheres Leben führen können. Aber dieses Leben wird damit auch einen echten Wert haben und für andere nützlich sein. Wir müssen unsere Zeit hier nutzen, um wirklich zu leben, *und* das Leben anderer zu bereichern. Wir dürfen und müssen unser Leben nutzen, um das Leben nach uns zu verbessern. Wenn andere Menschen eines Tages sagen, *Sie* haben dazu beigetragen, dass etwas besser wurde, dann haben Sie wirklich etwas bewirkt.

Ich vermute, Sie wollen von Ihrer irdischen Endlichkeit nichts hören, aber sie ist nun einmal gegeben. Sie werden nicht ewig leben. Das ist eine Tatsache. Sie könnten nun den Schluss daraus ziehen: Nach mir die Sintflut. Oder aber Sie werden Ihrer Verantwortung gerecht und tragen dazu bei, dass die Welt nach Ihrem Abschied ein kleines Stückchen besser ist als bei Ihrem Eintreffen. Das sind hehre Ziele, doch Sie werden staunen, welch riesige Kräfte damit freigesetzt werden. Ihre eigenen Vorhaben werden plötzlich winzig klein, und Sie werden wie befreit durch diese Welt wandeln. Sie werden das Leben aus einem völlig anderen Blickwinkel betrachten und Ihre eigenen, kleinen Vorhaben mit Leichtigkeit ganz nebenbei umsetzen, wenn Sie dem großen Ganzen zu dienen bereit sind. Sie werden von Emotionen beflügelt sein, die Sie noch nie erlebt haben und das Leben spüren, wie Sie es noch nie erfahren durften. Seien Sie mit dabei, wenn es darum geht, Verantwortung zu übernehmen: Für mehr Gerechtigkeit, für mehr Glück und für mehr Liebe. Lassen Sie uns gemeinsam aufstehen und zusammen einen wichtigen Schritt für die Menschheit tun. Lassen Sie uns dienen im Sinne der Gemeinschaft: Im Sinne unserer gemeinsamen Mission Verantwortung. Es ist unsere Entscheidung. Immer.

MEINE MISSION VERANTWORTUNG.
IHRE MISSION VERANTWORTUNG.
UNSERE MISSION VERANTWORTUNG.

Für (d)eine bessere Welt

Ich darf mich bei Ihnen nicht nur für Ihre Zeit und Aufmerksamkeit bedanken, sondern Ihnen in allererster Linie meinen Respekt aussprechen. Sie haben dieses Werk bis zum Ende gelesen und sind mir in meinen Gedanken bis zuletzt gefolgt, das halte ich nicht für selbstverständlich. Gerade in unserer schnelllebigen Zeit sind wir rasch ermüdet oder genervt, besonders, wenn uns manche Passagen eventuell nicht gefallen ... Ich bin mir ziemlich sicher, dass auch Ihnen nicht jedes Wort oder jeder Gedankengang in diesem Buch zugesagt hat. Das ist völlig normal und tritt immer dann auf, wenn man beginnt, Verantwortung kraftvoll zu übernehmen. Dann ist es plötzlich unmöglich, die Dinge des Lebens ungefiltert und wenig bis nicht hinterfragt anzunehmen. Aber wir dürfen sie uns anhören, überprüfen und beurteilen, um schließlich unser eigenes Urteil zu fällen.

Vielleicht durfte ich auf diesen Buchseiten dazu beitragen, die eine oder andere Sichtweise infrage zu stellen, zu verrücken und Sie für gewisse Themen zu sensibilisieren. Vielleicht durfte ich Sie mit meinen Geschichten und Aufforderungen ja auch ein wenig aufrütteln. Und eventuell konnte ich Sie mit meinen eigenen Erlebnissen ein wenig trösten. Zeigen sie doch ganz eindeutig, dass immer auch anderswo Katastrophen auftreten, auch wenn es nach außen nicht so aussieht. Möglicherweise konnte ich Ihnen etwas Motivation und Durchhaltekraft mit auf den Weg geben, weil Sie nun wissen, wie lang, kompliziert und beschwerlich mein Weg war. Das würde mich freuen, denn all dies ist Teil meiner persönlichen Mission. Doch mein Hauptanliegen ist es, dass Sie das Wort »Verantwortung« für sich neu entdeckt haben und diese nun in der Praxis auch leben.

Ich wünsche Ihnen, dass Sie ins Handeln kommen! Übernehmen Sie von jetzt an die Verantwortung für Ihre Gedanken und Ihre geistigen Kräfte, Ihre Gesundheit und Energie, Ihren Körper, aber speziell auch für Ihre Gefühle und Emotionen! Lassen Sie es nicht zu, dass ein anderer die Verantwortung für Ihre Beziehungen übernimmt, egal ob es um Ihren Partner, Ihre Eltern oder Ihre Freunde geht. Bitte seien Sie sich bewusst, dass nur Sie allein dafür verantwortlich sind, was Sie mit Ihrer restlichen Lebenszeit anfangen! Lassen Sie sich in Ihrem Beruf nicht nur einfach so treiben, sondern treten Sie von jetzt an in Ihrer Rolle und Aufgabe als starker Mr. oder starke Mrs. Verantwortung auf. Entscheiden Sie stets vorsorglich und verantwortungsvoll über Ihre Finanzen und lassen Sie Spaß und Freude in Ihrem Leben niemals zu kurz kommen. Lernen Sie, wachsen Sie, geben Sie Ihrem Leben einen höheren Sinn – es liegt nur in Ihrer Hand. Sie haben nun erkannt, was die Mission Verantwortung bedeutet und können nicht mehr wegschauen. Nehmen Sie Ihre Verantwortung in allen Bereichen des Lebens an und tragen Sie sie. Falls dies noch nicht der Fall ist, werden Sie lernen, ihr gerecht zu werden.

Ich wünsche mir, dass wir uns alle zu unserer Verantwortung bekennen, dass wir Leidenschaft für sie entfachen. Es ist meine Mission, mehr und mehr Menschen dafür zu begeistern, von sich aus mehr Verantwortung zu übernehmen. Dann haben wir als Menschheit die Chance auf eine echte Veränderung, denn nur, wenn wir etwas verändern, können wir etwas verbessern. Für eine bessere Welt für uns alle!

Seit jenem Sonntag, dem 21. Oktober 2012, habe ich sehr vieles verändert und verbessert. Ich lebe seit diesem Tag frei von Drogen, Kokain, Nikotin und Alkohol, aber auch deutlich freier von meinen Ängsten und begrenzenden Gedanken. Es ist mir gelungen, das Vertrauen meiner Familie wiederzugewinnen und auch geschäftlich abermals sehr erfolgreich Fuß zu fassen. War es einfach? Nein, definitiv nicht. Aber ab diesem Sonntag wusste ich, was ich noch einmal wollte vom Leben.

Und wenn wir genau wissen, was wir wollen, ist dies der erste wichtige Schritt hin zur Vergrößerung der eigenen Mächtigkeit. Wenn wir plausible Gründe haben, warum wir etwas Bestimmtes wollen, sind wir schon beeindruckend gut. Doch wenn unsere Beweggründe echten Sinn ergeben, auf wahren Emotionen beruhen und anderen Menschen oder Wesen wirklich von Nutzen sind, dann sind wir auf dem besten Weg zu Erfolg und Glück, zu tiefer Zufriedenheit und echter Freiheit. Probieren Sie es aus. Es lohnt sich.

Liebe Leserin, lieber Leser,

nachdem wir nun einige Zeit miteinander verbracht haben und Sie viel von mir erfahren durften, habe ich nun auch noch einen Wunsch an Sie!

Schreiben Sie mir gerne, wie Sie in Ihrem Leben bisher mit dem Thema Verantwortung umgegangen sind und was dieses Buch bei Ihnen persönlich ausgelöst hat.

Ich bin interessiert an Ihren Geschichten, Erfahrungen und an dem, was Sie nun vorhaben. ich freuen mich auf Ihr Lob, aber auch auf Ihre Kritik – hinterlassen Sie Ihre Rezension.

Ihr

Coaching und Mentoring

Herausragende Leistungen in Wirtschaft, Politik und Kunst oder Meistertitel im Sport werden nie ohne die Begleitung durch professionelle Experten erzielt.

Bernd Kiesewetter hat bereits Sportler zur Weltmeisterschaft geführt und ist es gewohnt, Champions zu begleiten. Er hilft den Höchstleistern das richtige Mindset zu entwickeln, zu installieren und ihren eigenen Weg erfolgreich zu finden und zu gehen.

Jeder kann seine Leistungsfähigkeit und Wirksamkeit mit seinem persönlichen Eins-zu-eins-Coaching und -Mentoring steigern, um die gesteckten Ziele zu erreichen und dauerhaften Erfolg mit tiefer Zufriedenheit zu erlangen.

Keynotes und Vorträge

Bernd Kiesewetter rüttelt auf! Er präsentiert bedeutende Themen auf unterhaltsame Weise und unterstreicht die Ernsthaftigkeit der Angelegenheiten mit seiner ihm eigenen Energie und Direktheit.

Wir leben in einer Zeit, in der wir nahezu alles erreichen können, selbst entscheiden dürfen und in der wir Verantwortung für uns, unsere Welt, unsere Natur und unsere Mitmenschen übernehmen müssen – auch und gerade als Unternehmer! Doch allzu oft drücken wir uns vor der Verantwortung, fühlen uns als Opfer von Gewinnoptimierung, Sachzwängen und den Entscheidungen anderer. Wir denken zu egoistisch und begrenzt – wir bleiben damit zu klein und kurzsichtig. Erst wenn wir unsere Einfluss- und Gestaltungsmöglichkeiten erkennen und bewusste Entscheidungen treffen, können wir die Verantwortung wirklichtragen und dauerhaft echte Erfolge verzeichnen.

Kiesewetter liefert Impulse und bringt Mitarbeiter, Führungskräfte und Management gleichermaßen auf Kurs und in Bewegung!

Seine Themen:

1. MIT VERANTWORTUNG IN DIE ZUKUNFT
   Spitzenpositionen in den Märkten von morgen
2. VERANTWORTUNGSLOSIGKEIT KOSTET GEWINNE
   Neue Faktoren bestimmen die Bilanzen der Zukunft
3. DER SCHLÜSSELFAKTOR PFLICHTEN
   Erfolg ist die Folge geleisteter Verantwortung

E-Learning und Events

Mit einer Reihe von digitalen Kursen und Programmen können Sie zeit- und ortsunabhängig Ihre persönliche Entwicklung gezielt vorantreiben. Von der mentalen Stärke über Gesundheit, Kommunikation und Beziehungen bis zu Beruf und Finanzen bietet Bernd Kiesewetter Ihnen ein breites Spektrum der Weiterbildung, die Ihnen in dieser Geballtheit kaum zugänglich ist.

Mit öffentlichen Vorträgen und Seminaren stehen Ihnen Events der Extraklasse zur Verfügung, in denen Sie durch die Mischung aus Entertainment und Wissensvermittlung ein besonderes Lernerlebnis erfahren. Mit viel Spaß steigern Sie Ihre Standards, ihr Leistungsvermögen und beschreiten Ihren Weg zu Glück und Erfolg!

ALLE INFORMATIONEN UND AKTUELLE ANGEBOTE FINDEN SIE UNTER:

www.berndkiesewetter.com

Direkt mit Respekt

Michael Hoyer
Direkt mit Respekt
Wie Sie endlich verstanden werden

272 Seiten; 2018; 24,95 Euro
ISBN 978-3-86980-403-3; Art-Nr.: 1030

Es gab wohl nie kommunikativere Zeiten als heute. Immer schneller, auf immer mehr Kanälen wird kommuniziert. Doch der erfreuliche Schein des Austauschs trügt: Es wird übereinander und aneinander vorbeigeredet oder niedergemacht. Aus Angst vor anderen Meinungen und falsch verstandener Rücksichtnahme werden Aussagen relativiert, sie bleiben im Ungefähren oder werden trivialisiert. Dabei bleiben Offenheit, Respekt und Klarheit auf der Strecke. Mit fatalen Folgen: Die einen fühlen sich nicht verstanden. Die anderen kommunikativ abgehängt.

Doch wie entsteht die Kluft zwischen Sender und Empfänger? Warum ist Kommunikation zum belanglosen Schauspiel verkommen? Warum hat die direkte Kommunikation ein so schlechtes Image? Antworten darauf liefert das neue Buch von Michael Hoyer. Mit seinem neuen Modell beschreitet er einen innovativen Weg. Er führt uns die Abgründe der etablierten, rücksichtslosen und beliebigen Kommunikation vor und zeigt, wie wir zur klaren und wertschätzenden Kommunikation zurückfinden.

Für Michael Hoyer ist Kommunikation kein Werkzeug, kein Mittel zum Zweck. Sie ist vielmehr eine Grundhaltung von Menschen und einer Gesellschaft. Denn erst geradlinige Kommunikation eröffnet uns den respektvollen Umgang miteinander und ermöglicht es, Grenzen zu überwinden.

www.BusinessVillage.de